江西财经大学东亿学术论丛·第一辑

中国非营利机构卫星账户

李海东　著

Nonprofit Institutions Satellite Account of China

　　本书研究成果得到国家社会科学基金课题"中国非营利机构卫星账户研究"（项目编号：14BTJ006）的资助，以及江西财经大学统计学院的大力支持。

 经济管理出版社
ECONOMY & MANAGEMENT PUBLISHING HOUSE

图书在版编目（CIP）数据

中国非营利机构卫星账户/ 李海东著 . —北京：经济管理出版社，2019. 10
ISBN 978-7-5096-4198-9

Ⅰ . ①中… Ⅱ . ①李… Ⅲ . ①社会团体—经济核算—研究—中国 Ⅳ . ①C232

中国版本图书馆 CIP 数据核字（2019）第 244254 号

组稿编辑：王光艳
责任编辑：任爱清
责任印制：黄章平
责任校对：董杉珊

出版发行：经济管理出版社
　　　　　（北京市海淀区北蜂窝 8 号中雅大厦 A 座 11 层　100038）
网　　　址：www. E-mp. com. cn
电　　　话：（010）51915602
印　　　刷：北京晨旭印刷厂
经　　　销：新华书店
开　　　本：720mm×1000mm/16
印　　　张：13. 25
字　　　数：217 千字
版　　　次：2020 年 5 月第 1 版　　2020 年 5 月第 1 次印刷
书　　　号：ISBN 978-7-5096-4198-9
定　　　价：68. 00 元

总　序

江西财经大学统计学院源于 1923 年成立的江西省立商业学校会统科。统计学专业是学校传统优势专业，拥有包括学士、硕士（含专硕）、博士和博士后流动站的完整学科平台，数量经济学是我校应用经济学下的一个二级学科，拥有硕士、博士和博士后流动站等学科平台。

江西财经大学统计学科是全国规模较大、发展较快的统计学科之一。1978 年、1985 年统计专业分别取得本科、硕士办学权；1997 年、2001 年、2006 年统计学科连续三次被评为省级重点学科；2002 年统计学专业被评为江西省品牌专业；2006 年统计学硕士点被评为江西省示范性硕士点，是江西省第二批研究生教育创新基地。2011 年，江西财经大学统计学院成为我国首批江西省唯一的统计学一级学科博士点授予单位；2012 年，学院获批江西省首个统计学博士后流动站。2017 年，统计学科成功入选"江西省一流学科（成长学科）"；在教育部第四轮学科评估中被评为"A-"等级，进入全国前 10% 行列。目前，统计学科是江西省高校统计学科联盟盟主单位，已形成研究生教育为先导、本科教育为主体、国际化合作办学为补充的发展格局。

我们推出这套系列丛书的目的，就是想展现江西财经大学统计学院发展的突出成果，呈现统计学科的前沿理论和方法。之所以以"东亿"冠名，主要是以此感谢高素梅校友及所在的东亿国际传媒给予统计学院的大力支持，在学院发展的关键时期，高素梅校友义无反顾地为我们提供无私的帮助。丛书崇尚学术精神，坚持专业视角，客观务实，兼具科学研究性、实际应用性、参考指导性，希望能给读者以启发和帮助。

丛书的研究成果或结论属个人或研究团队观点，不代表单位或官方结论。如若书中存在不足之处，恳请读者指正。

编委会

2019 年 6 月

前　言

　　经验表明，非营利部门直接影响一国经济社会的和谐发展。发达国家的非营利部门规模通常较大，格局较为合理，显示了人类社会的阶梯性发展规律，即在经济增长达到一定水平之后，发展重点将转向全社会的共同进步；而拥有一个规模相当、配置科学的非营利部门，能够更好地向全社会提供企业和政府无法供给的产出，提升公共产品的质量，消除各类不公平现象或缩小不平等的程度。正因如此，人们对非营利机构（NPI）的关注程度越来越高，对宏观管理、理论研究、政策制定乃至个人决策等方面的数据都出现了大量需求。

　　本书的主要内容包括：第一，非营利机构卫星账户的编制原理（第二章）。通过核算体系（SNA1953－SNA2008）之间的比较，探索非营利机构核算的发展规律，尤其是联合国体系与中国 CSNA 之间的对比，有利于找寻中国非营利机构核算与联合国推荐框架之间的相似性和差异之处，力求使中国非营利机构卫星账户的编制既遵循联合国框架的规则又能够结合中国的国情。联合国非营利机构卫星账户的编制思路和实施步骤为"简易账户、细分账户、扩展核算"，但中国非营利机构卫星账户的编撰不应全盘照搬，而应区分为"短表、长表、扩展"三个阶段，既可集中体现非营利特征所产生的影响，也充分考虑中国非营利机构核算的当前实际。第二，中国非营利机构部门的界定（第三章）。将联合国《国民账户体系非营利机构手册（2003）》推荐的结构运作定义与 SNA2008 的实际处理结合起来，可以确定中国非营利机构部门的范围和构成，包括事业单位、社会组织与宗教活动场所三种单位类型，以及符合非营利机构特征的"转登记"和"未登记"的机构单位，但需排除营利性事业单位与获取"合理回报"的民办非企业单位。第三，中国非营利机构卫星账户的编制（第四至六章）。在中国非营利机构卫星账户的编制中，应将重点置于短表的实物社会转移、长表的市场非营利机构的非市场产出和志

愿劳动的虚拟报酬及扩展中的效率与公平核算，同时对其中的三个流量进行了试算。第四，结论与建议（第七章）。根据研究结论，有针对性地提出中国非营利机构卫星账户的编撰建议，为促进我国非营利部门发展、构建和谐社会提供较为完整系统的数据来源。

本书所包括的研究成果，受到国家社会科学基金课题"中国非营利机构卫星账户研究"（项目编号：14BTJ006）的资助及江西财经大学统计学院的大力支持，在此表示感谢！

由于作者水平有限，书中难免存在差错及不足之处，敬请读者批评指正。

李海东

2019 年 11 月 10 日

目　录

第一章
绪　论

第一节　研究背景和意义

非营利部门又被称为"第三域"，其产生和发展解决了市场失灵、政府失灵所导致的一系列社会经济问题，填补了企业和政府之间的空白区域，并在文化艺术、教育研究、卫生保健、社会服务、环境保护与慈善中介等领域发挥着广泛和重要的作用。

经验表明，非营利部门直接影响一国经济社会的和谐发展。发达国家的非营利部门规模通常较大，格局也较为合理，显示了人类社会的阶梯性发展规律，即在经济增长达到一定水平之后，发展重点将转向全社会的共同进步。拥有一个规模相当、配置科学的非营利部门，能够更好地向全社会提供企业和政府无法供给的产出，提升公共产品的质量，消除各类不公平现象或缩小不公平的程度。正因如此，人们对非营利机构的关注程度越来越高，在宏观管理、理论研究、政策制定乃至个人决策等方面都出现了大量的数据需求。

其一，非营利部门所创造的经济价值，如产出和增加值。

其二，非营利部门的收入来源，包括服务收费、政府和企业资助及住户的志愿捐赠与时间奉献等。

其三，非营利部门的结构运作特征，与其他机构部门的关系。

其四，非营利部门的效率水平及非营利活动对经济公平和社会包容的影响。

作为与企业、政府并列的非营利部门，其产出和增加值表明该部门的经济重要性；由于人类的经济活动并不一定均需通过营利性的方式实

施，因而彰显了非营利部门的存在价值。然而，非营利非政府的部门特征使非营利机构既不能像企业经由市场运作获取主要收入，也无法类似于政府凭借强制性税收维持运转，在收入的稳定性方面远逊于政府和企业，故在相当程度上依赖其他部门的资助，也特别重视本部门的收入来源。无论是替代者还是合作者，非营利机构与政府和企业既保持着密切的联系又存在着显著的差异，决定了不同于政府和企业的结构运作特征，并对其他机构部门乃至国民经济产生了深远的影响：一般认为，企业追求效率，政府偏重公平，而介于企业和政府之间的非营利部门的目标追求也是人们感兴趣的内容之一；在解决经济社会问题时，是选择企业、政府还是选择非营利机构，关键取决于效率水平和公平影响。

同为货物与服务的生产者，由于宗旨和使命不同，故需实施相异于企业的管理方式和政策制定，涉及管理人员、税收待遇、薪酬制度和信息发布等。这些政策促进了非营利部门的健康发展，甚至影响单个住户的志愿行为，如住户的慈善捐赠，无论是现金赠与还是实物捐献，其捐赠支出均可在缴纳个人所得税时全额扣除。类似地，志愿时间捐赠也是一种慈善行为，同样创造了价值——"志愿劳动的虚拟报酬"，并捐献给了其他机构单位，也应享受这一税收优惠；如果志愿时间捐赠超过了金钱捐献，则税收优惠的研究更有意义（Eleanor Brown，1999）。然而实践中却未获同等待遇，这并非政府或学者的疏忽，而是志愿时间价值的测度尚未达到准确合理的水平，或无法提供持续稳定的数据来源，致使所得税减免政策无法实施。

由此可知，无论是非营利机构管理实践还是理论研究都需要大量的非营利活动信息，凸显了非营利机构核算的重要性。基于此，联合国国民经济核算体系（SNA1953~SNA1993）在其中心框架建立了非营利机构核算，通过"分类核算"描述各类非营利机构的经济运行；在2003年联合国颁布实施的《国民账户体系非营利机构手册》（以下简称《手册》）中，建议在SNA1993非营利机构核算的基础上编制非营利机构卫星账户（以下简称卫星账户），以实施非营利部门"总体核算"，力求全面详尽地展示非营利部门的结构运作特征。值得一提的是，在SNA1993的框架内构建卫星账户，能够确保卫星核算的可行性与可比性，毕竟绝大多数国家（地区）的非营利机构核算是建立在SNA的基础之上的，在概念、分类和方法等方面保持一致，均遵守相同的核算规则，进而产生可靠的核算数据；由于卫星账户以 SNA1993 为平台，无论是开发还是维护均比重新设计具有更好的经济性，因而《手册》的建议和改进最终为 SNA2008所认可。

反观中国的非营利机构核算，相对 SNA1993 而言存在较大的差距，其重要程度也远不如企业和政府部门核算。中国国民经济核算体系（CSNA2002）没有设置非营利机构这一机构单位类型，也不存在为住户服务的非营利机构部门（NPISH）；即便将事业单位、社会组织和宗教活动场所视作中国的非营利部门，由于尚未区分其中的营利性单位（如营利性学校和医疗机构等）而无法获取非营利部门的产出、收入、支出、积累和资产负债等准确信息，没有实施实物社会转移核算而影响非营利机构的再分配功能分析，甚至无法准确掌握中国非营利部门的机构单位和从业人员等具体数量，更遑论与其他机构类型的对比及国际比较了。尽管 CSNA2016 对CSNA2002 进行了修订，与 SNA2008 接轨，但与《手册》要求相比还相去甚远，同时还面临许多实施问题，包括中国非营利机构的定义、甄别、分类、核算规则和数据来源及中国非营利机构卫星账户的编制思路、阶段与核算重点等。

从理论上来看，卫星账户是获取非营利信息的有效方法。在非营利部门"总体核算"中，一些核算内容无须使用替代性的概念，只需将"隐藏"在其他机构部门中的非营利机构及其交易信息显现出来，即可大致描述不同于企业和政府的非营利机构特征。还有一些核算内容需使用不同的或替代性的概念，却又可能与中心框架的核算规则相抵触，例如，SNA2008 认为，非市场非营利机构既可生产非市场产出，又能提供市场产出，但市场非营利机构只能供给市场产出；若将志愿劳动纳入核算范围，则需将某些耐用消费品转化为固定资产，进而扩张固定资产及固定资本形成的范围。因此，仅使用 SNA 中心框架实施非营利部门"总体核算"是不合适的，甚至可能导致 SNA 中心框架臃肿不堪，使账户体系变得烦琐；而对现有体系进行扩展或灵活运用，细化相关分类，增添一些附加变量，方可全面展示非营利部门的经济特征。

从实践上来看，卫星账户的构建使中国的非营利部门核算趋于完整，丰富和发展非营利机构核算理论，为相关理论的评估检测提供依据。将志愿活动、市场非营利机构的非市场生产等核算内容纳入卫星账户，对于完善中国非营利机构核算、拓展其分析功能具有一定的实际价值，例

如，准确判明非营利货物与服务的供需总量及构成，客观评价非营利部门发展的规模、分布、效果以及未来发展的潜力，为非营利部门发展政策的制定提供较为完整系统的数据资料。

第二节　相关文献综述

一、联合国非营利机构核算体系

经济理论多将非营利机构视作政府、企业的"替代者""竞争者"（市场和政府失灵理论）或"合作者"（志愿失灵理论），因而三类机构单位之间的功能和效率比较就成为非营利机构研究领域的重要议题；始于SNA1953 的非营利机构"分类核算"正是服务于这一目的，并将非营利机构分类归入公司和政府部门进行核算。

除去划归公司和政府部门的非营利机构，余下的部分组成了为住户服务的非营利机构部门（Non-profit Institutions Serving Households，NPISH）。Helmut K. Anheier 和 Lester M. Salamon（1998）的研究表明，单列的 NPISH 部门规模较小，只有美国和德国的部门规模超过了 GDP 的 2%（1990）；由于只有 NPISH 部门带有"非营利"标识，可能误导人们认为 NPISH 即为国民核算体系中的非营利部门，却无法经由该部门解释非营利机构的总体变动和政策的实施效果，解决办法只能是非营利机构"总体核算"。两位学者以 NPISH 部门的"收入来源"定义[①]为起点，通过解除收入约束延伸至"结构运作"定义，将 NPISH 部门扩展为非营利部门，使"分类核算"过渡至"总体核算"。为了增强 SNA1993 的非营利机构核算能力，同时又不致加重中心框架的负担，建议采取卫星账户的核算方式。

一旦将散布于其他部门的非营利机构与 NPISH 部门合并，就会迅速增大非营利部门的异质性，全面准确地显示部门的内部差异就成为一个

[①] SNA1993 在对非营利机构单位进行机构部门分类时，其主要收入来源是一个重要的分类标志。例如，NPISH 来自政府部门的收入不得超过其收入总额的 50%，导致一大批非市场非营利机构被归入政府部门；要求 NPISH 的市场销售收入占其收入总额的份额也不得超过 50%，致使许多市场非营利机构被划归公司部门（Helmut K. Anheier 和 Lester M. Salamon，1998）。也正因为收入约束，使 NPISH 部门的规模较小。

迫切需要解决的问题。尽管可以像其他部门一样使用"国际标准产业分类"ISIC（第三版），但 ISIC（第三版）在非营利机构出现频率较高的领域分类较粗，产业分布描述不够理想。Lester M. Salamon 和 Helmut K. Anheier 早在 1992 年就意识到了这一问题，在 ISIC（第三版）的基础上对"教育"（M）进行了类别重组，细分了"保健和社会工作"（N）、"其他团体、社会和个人的服务活动"（O），同时增加了"发展与住房"组，进而产生了"非营利组织国际分类"（The International Classification of Nonprofit Organization，ICNPO），目前已广泛运用于非营利机构管理与核算中。

结构运作定义和 ICNPO 确定了卫星账户的核算范围，变量体系设置也应考虑非营利机构的运作特点。Lester M. Salamon 与 Helmut K. Anheier（1996）认为，非营利机构核算的变量设置应关注市场失灵、政府失灵、供给理论、契约失灵、志愿失灵和社会起源等理论的数据需求，为理论研究提供较为完整的被解释变量和解释变量信息。例如，围绕着志愿失灵理论建立了以下假定：政府部门的社会福利支出与非营利部门的规模成正比，意味着卫星账户应该显示政府对非营利机构支付的所有细节，无论是转移支出还是购买支出；类似地，供给理论要求卫星账户提供住户部门的赠与和志愿劳动数据，进而测算志愿劳动的虚拟报酬与志愿劳动的非市场产出等。Helmut K. Anheier（2000）进一步综合了上述观点，指出卫星账户应该围绕机构选择、运作特点和运作结果三个方面设置变量体系，在 SNA 中心框架变量的基础上增添了结构、客户、能力与产出、绩效和影响四个变量模块。

总体来看，Lester M. Salamon 与 Helmut K. Anheier 的研究分布于非营利机构的定义、分类、变量体系、核算方法及数据来源等诸多方面，是卫星账户编制的先驱和集大成者，其研究成果集中体现在手册之中。此外，手册在编撰过程中也改进和完善了一些细节与方法，例如，将公司与政府部门分割为"非营利机构部分"和"其他"，不仅有利于非营利机构的"分类核算"而且也使非营利部门"总体核算"成为可能；至于志愿劳动的虚拟报酬核算，建议使用替代成本法，并以社区、福利和社会服务业的平均总工资为影子工资。在此基础上，手册通过变量形式的转换渐次引入市场非营利机构的非市场产出核算与志愿劳动核算，设计了六套表格以描述非营利部门的经济运行和关键特点，最终使卫星账户趋于完整。

二、中国非营利机构核算体系

中国国民经济核算体系（CSNA2002）没有设置非营利机构，然而却将非营利事业单位归入政府部门。这一设置与传统的计划经济体制密切相关，因为中国的非营利机构大多具有"官民二重性"，虽然它们正逐渐从政府部门脱离出来，但不够彻底且分离部分的规模不大，故并入政府部门有其合理之处（孙秋碧，2000）。类似地，应划归 NPISH 部门的非市场非营利机构在中国大多属于事业单位，从可行性的角度出发也可将其划归政府部门（许宪春，1999）。如此归类抹杀了非营利部门对经济总体的贡献，也高估了政府部门的规模（杨文雪，2003），甚至无法反映一些政策的实施效果和非营利部门的绩效水平，导致政府部门产出、收入分配与储蓄核算的失真（李海东，2014）。

至于中国非营利机构的识别，刘国翰（2001）提出国际化、本土化、现实性和超前性四项原则，认为"部门列举法"可有效规避理论争议，也适用于非营利部门管理和政策制定。然而，部门列举仅仅确定了一个大致的范围，是否属于非营利机构尚需结合结构运作定义进行逐类检测。如果事业单位办公司或将本应免费提供的服务转化为收费服务，则由于不符合非营利性而转化为营利性事业单位（方流芳，2007）；尽管民办非企业单位无论在就业机会提供还是在年度支出方面均远远超过了社会团体，但同时具有较强的自治性和较弱的非营利性（邓国胜，2006），尤其是民办学校和独立学院可依法获取"合理回报"，故在非营利机构识别时应予以特别关注（赵立波，2009；石邦宏、王孙禹，2009）。

在非营利机构核算体系的构建中，杨文雪（2003）认为，不应将非营利机构附属于政府部门，而应与其他机构部门一样实施单独核算，在重点开展非营利部门增加值核算的同时测度其劳动生产率和经济贡献度。除此之外，尚需在 CSNA2002 机构部门账户的框架内编制非营利部门账户，通过现有数据来源和抽样调查等方式获取编表资料。由此可知，杨文雪（2003）的核算思路是创建中国非营利部门"总体核算"，与联合国手册的"部门核算"相当接近，在论文发表时间上也与手册颁布基本同步，是中国非营利机构卫星核算的先行者。

由于 CSNA2002 的非营利机构核算与 SNA 相去甚远，因此，中国非营利机构卫星账户的编制应分两步走（李海东，2014）。在"SNA 阶段"

应增设非营利机构类型，实施"分类核算"时应重点检测非营利机构的市场与非市场属性，合理利用SNA的机构部门分类规则将市场非营利机构归入企业部门，为中国政府部门"瘦身"；在"手册阶段"，由SNA非营利机构定义过渡到手册结构运作定义时，应确保中国非营利部门的稳定性，同时将市场非营利机构的非市场产出核算和志愿劳动核算纳入卫星账户。

中国非营利机构卫星账户的构建也应结合中国实际，例如，在变量设置时不仅要考虑市场失灵、政府失灵和契约失灵等理论，还需关注政府选择理论，因为社团和事业单位的产生大多具有政府选择的印迹，例如，通过社团而非政府单位提供某些服务可减少政府支出，毕竟社团收入除了政府资助之外，还有会员会费、服务收费和社会捐赠等其他来源；如果政府成立和控制的社团数量较多，那么其资助与管理成本也相应地增长，故中国社团的规模取决于政府减少的资助支出与增加的管理成本之间的比较，意味着中国非营利机构卫星账户还应为预算波动模型、蓄水池模型和水瓢模型提供数据支持（李海东，2007）。至于《手册》推崇的市场非营利机构的非市场产出核算的简化法，也存在一些不足之处：当市场非营利机构的成本大于销售收入，但市场产出的净营业盈余不为零时，简化法的核算结果会出现失真，而分离法始终是正确的（李海东，2005）。

宏观经济管理的需要与SNA2008的颁布实施，导致CSNA2016的出台。新的核算体系调整了CSNA2002的机构单位设置，增设了NPISH部门，完善了核算处理，标志着中国非营利机构核算的改进，也为中国非营利机构卫星账户的编制奠定了坚实的基础。

三、概括性述评

从国内外研究文献来看，尽管非营利机构"总体核算"是未来的发展趋势，但国外文献倾向于先分类后综合，而国内文献强调非营利机构部门的单独核算，即便是最新颁布实施的CSNA2016，实施的也是有限的"分类核算"，尚未在非金融企业和金融机构部门设置非营利机构子部门。国外学者多建议采取卫星账户的核算方式，更为关注非营利特征的详尽描述，例如，政府支付、志愿活动、市场非营利机构的非市场生产以及实物社会转移的详细分类等；而国内学者的研究重点大多局限于机构部

门核算，利用卫星账户进行核算的研究成果较为少见。国外核算的最终目标是二维的，包括非营利活动的经济和公平影响，而国内核算基本上偏向于非营利机构的经济贡献。更重要的是，澳大利亚、加拿大、以色列、意大利、荷兰、瑞典和比利时等一些发达国家以《手册》测试的方式试编了本国的卫星账户，类似的工作在中国尚未出现。

第三节　研究思路、研究方法与研究特色

一、研究思路

本书以中国非营利机构卫星账户为研究对象。首先，概括分析了联合《手册》的框架结构，导出中国非营利机构卫星账户的编制思路、实施步骤与核算难点。其次，将《手册》结构运作定义和 SNA2008 的实际处理结合起来以确定中国非营利部门的范围与构成，进而编制中国非营利机构卫星账户短表和长表，并在此基础上探讨非营利部门的效率与公平核算。通过理论研究与个案试算，力求从中获取一些有益的结论，并提出相应建议。研究框架如图 1-1 所示。

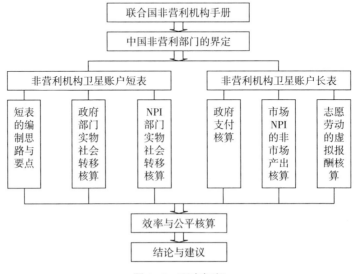

图1-1　研究框架

依据上述研究思路和技术路线，本书共分为七章。

第一章为绪论。本章介绍选题背景、研究意义和研究方法，综述相关文献与研究框架。

第二章为非营利机构卫星账户编制原理。首先，由非营利机构核算的发展史入手分析联合国非营利机构卫星账户的产生背景；其次，归纳卫星账户的编制思路和步骤，导出非营利机构核算的识别、分类、变量设置和数据来源等关键问题；最后，提出中国非营利机构卫星账户的编制思路和实施步骤及需要解决的核算难点。

第三章为中国非营利机构部门的界定。首先，通过"部门枚举"的方式列出中国非营利机构的潜在单位类型；其次，对其进行结构运作定义检测，最终确定中国非营利部门的范围；最后，探讨中国非营利机构的机构部门分类、产业部门分类和功能分类。

第四章为中国非营利机构卫星账户——短表。首先，本章将联合国卫星账户区分为四个组成部分，在此基础上确定短表的框架结构和编制要点，同时提出中国非营利机构卫星账户短表的编制路线；为完善短表的编撰，从 SNA2008 的角度研究中国政府与非营利部门的实物社会转移、调整后可支配收入和住户部门实际最终消费等核算，并进行了试算。

第五章为中国非营利机构卫星账户——长表。首先，本章重点探讨了政府支付、市场非营利机构的非市场产出和志愿劳动的虚拟报酬三个"附加的价值变量"的核算；其次，由变量形式的转换陆续将其引入卫星账户，通过非营利特征的补充描述以完成长表的编制。

第六章为效率与公平核算。本章在长表的基础上进行延伸，属于卫星账户的扩展部分，重点从投入产出角度探讨非营利部门的效率核算，由福利成本入手研究非营利部门的公平核算。

第七章为结论与建议。依据研究结果得出分析结论，同时提出相关建议。

二、研究方法

（一）比较研究法

比较研究法通过归纳现象之间的相似或相异程度，以探究事物的普遍或特殊规律。采取比较研究法首先是非营利机构研究的需要，即通过企业、政府和非营利机构之间的对比，了解它们在非分配约束、公益生

产、管理结构、收入构成、人员配备、资本来源、税收待遇、法律待遇、强制力、政治压力和交易等方面的差异，明晰非营利机构的运作特征；通过效率与公平的比较为机构选择提供服务，即非营利机构应该出现在哪些领域，哪些产出应以非营利方式提供。正是因为这些原因，故需对非营利机构实施"分类核算"，实质上是"分类核算"与"比较分析"相结合。在本书中，比较研究主要运用于核算体系之间的对比，包括两个方面：

第一，联合国体系之间的比较。例如，SNA1953、SNA1968、SNA1993和SNA2008之间的对比，了解不同版本非营利机构核算的时序变动及其发展规律，同时重点比较SNA1993、《手册》和SNA2008之间的关系，因为《手册》建立在SNA1993的基础之上，是对以往非营利机构核算的改进；而SNA2008是对SNA1993的修订，也涵盖了《手册》实施的经验总结。

第二，联合国SNA与中国CSNA之间的比较。梳理中国非营利机构核算与联合国推荐框架之间的相似性和差异之处，力求使中国非营利机构卫星账户既遵循联合国框架的规则又能够结合中国的国情。

（二）个案研究法

本书所使用的个案研究法针对的是非营利机构核算问题，即依据《手册》推荐的方法与规则进行实际试算，以便发现问题寻找对策。

一套核算体系能否实际运用，最终取决于实践检测。在《手册》颁布实施之前，加拿大、澳大利亚和以色列等国结合本国实际先后进行了卫星账户试编，不仅掌握了大量的非营利部门信息，还提出了一些完善手册的修正建议。由于所公布的非营利机构相关信息十分有限，不可能全面试编中国卫星账户，故仅对卫星账户的关键变量进行试算，主要包括三个方面：

第一，以"2014年全国一般公共预算支出决算表"为数据基础试算中国的实物社会转移和调整后可支配收入；

第二，以《中国医疗卫生统计年鉴（2013）》为数据来源，判别医疗服务领域的市场与非市场非营利机构，试算中国医疗卫生类市场非营利机构的非市场产出；

第三，以中国"2008年时间利用调查"资料为基础，辅之以《2009中国统计年鉴》，测算中国志愿劳动的虚拟报酬。

之所以选择上述三个变量进行试算，一是中国非营利机构核算尚未实施实物社会转移和调整后可支配收入核算，通过试算以确保中国非营利机构核算的完整；二是 CSNA 中心框架没有包括市场非营利机构的非市场产出和志愿劳动的虚拟报酬核算，而上述变量却是卫星账户长表、效率与公平核算的关键。

三、研究特色

其一，欧美发达国家的非营利机构核算通常建立在"市场失灵""政府失灵""志愿失灵""契约失灵"和"社会起源"等理论基础之上，而中国相当部分的非营利机构是政府选择的结果，例如，事业单位和社团的活动目标、运作方式和决策层的遴选等，故将"政府选择"理论纳入中国非营利机构卫星账户。

其二，不同于 SNA2008 中心框架的机构部门核算，以卫星账户核算中国非营利机构，既可将非营利机构的"分类核算"与"总体核算"有机地结合起来，又可全面详尽地展示非营利机构的运作特征，便于非营利机构与企业和政府之间的比较研究。

其三，不同于其他机构部门核算，本书将非营利部门的效率与公平核算作为最终目标，力求提供系统全面的投入产出和福利成本数据，从而将非营利部门以及企业、政府部门的效率与公平测度建立在卫星账户的基础之上，以获取真实可靠的结论。

第二章
非营利机构卫星账户编制原理

在国民经济核算体系中，无论是 SNA1953、SNA1968 还是 SNA1993 均已包括非营利机构核算，但联合国仍然建议各成员国编制非营利机构卫星账户。首先，本章探讨联合国非营利机构卫星账户的出现；其次，较为系统地阐述其编撰原理；最后，提出中国非营利机构卫星账户的编制思路。

第一节　联合国非营利机构卫星账户的出现

一、非营利机构核算发展史

了解非营利机构核算的现状需回顾其发展的过程，如此不仅可观察非营利机构核算的变动轨迹，而且有利于未来的改进完善。观察 SNA 的历次版本修订可知，联合国非营利机构核算的发展演进主要体现在分类方面。

（一）SNA1953

在机构部门分类中，SNA1953 仅创建了公司（Enterprises）、住户和私人非营利机构（Households and Private Non-profit Institutions）、一般政府（General Government）三个机构部门，即将私人非营利机构和住户单位合并为一个机构部门。根据 SNA1953 的诠释，与住户混编的私人非营利机构是非市场生产者，为企业之外的其他机构单位提供服务，包括工会、慈善机构、俱乐部、研究机构、私立学校和私立医疗机构等组织类型；尽管私人非营利机构也通过服务提供获取收入，但其主要收入来自会员会费和企业、住户与政府的资助，类似于 SNA 后续版本中的 NPISH。

SNA1953 还设置了为企业服务的非营利机构（如商会和研究机构等），并将其归入公司部门，因为创建这些非营利机构的目的在于提升企业的效率和盈利能力。

综观 SNA 的各个版本，均将非营利机构视作货物与服务的生产者，主要服务于其他机构类型。略有差异的是，虽然也存在为政府服务的非营利机构，但更强调政府控制。与公司、政府和住户部门核算不同的是，SNA1953 没有将所有非营利机构汇聚在一个部门，而是将其分至公司和住户部门进行"分类核算"，其分类标准为"服务对象和收入来源"（Client/Revenue），即为哪个部门服务以及主要收入源自市场销售还是各类转移（Helmut K. Anheier、Gabriel Rudney 和 Lester M. Salamon，1994）；这种"分类核算"的思想一直沿用至今，也暗示了企业和政府产生于前、非营利机构出现在后的理论假设，并且"服务对象和主要收入"的分类方式仅运用于非营利机构，不存在诸如"为政府生产的企业"和"为住户服务的企业"等类似划分。

（二）SNA1968

与 SNA1953 略有不同的是，SNA1968 将为企业服务的私人非营利机构、政府主要资助和控制的非营利机构分别划归非金融公司和政府部门，同时将私人非营利机构和住户单位分离开来，以创建单列的 NPISH 部门（如表 2-1 所示）。

表 2-1 SNA1968 的非营利机构部门分类

机构部门	非营利机构种类
非金融公司	为企业服务的私人非营利机构
政府	政府主要资助和控制的非营利机构
NPISH	为住户个人服务的非营利机构 为成员服务的非营利机构

按照 SNA1968 的界定，为企业服务的私人非营利机构大多从事技术、设计和测试工作，或专注于经济与管理研究；这些非营利机构主要由企业资助，受企业控制，因而归入非金融公司部门。如果非营利机构被政府全额或主要资助，同时又被政府控制则划归政府部门，包括主要为住户或企业服务的非营利机构及为政府服务的非营利机构。划归政府部门

的为住户服务的非营利机构，其运作成本全部或主要由政府承担：如果向住户免费提供服务，处理为政府向住户的转移；若住户承担了部分支出，则被视为对政府服务而不是对非营利机构服务的购买，意味着该类非营利机构的产出属于政府产出的一部分，并未在政府账户中单列出来。为政府服务的非营利机构主要从事公共管理方面的研究活动，通常代行某些政府职能，例如，卫生、安全、环境和教育等领域的研发及各种标准的设立与维持、准入及监管等。至于单列的为住户服务的私人非营利机构部门，其活动性质类似于政府，向住户提供那些政府通常不提供的服务，但不受政府控制和主要资助，其范围和构成已与 SNA1993 的 NPISH 部门完全相同。

SNA1968 进一步细化了"控制"和"收入来源"的分类标准，例如，市场非营利机构的主要功能是生产市场货物与服务，收入基本来自市场销售；政府部门非营利机构的主要功能是生产非市场服务，收入大多源自政府资助；NPISH 提供用于住户消费的非市场服务，主要收入包括住户的志愿捐赠、财产收入以及企业和政府的赠与等。然而，SNA1953、SNA1968 的非营利机构分类也存在一些不明确的地方，例如，没有指明主要依靠服务收费的学校、医院等市场非营利机构和提供金融服务的市场非营利机构的部门归属。虽然 SNA1968 创建了 NPISH 部门，但该部门所包括的非营利机构种类繁多规模较小，数据获取费时费力，因而许多国家仍将其合并于住户部门（Helmut K. Anheier、Gabriel Rudney 和 Lester M. Salamon，1994），意味着 SNA1968 的分类改进收效甚微，也从一个侧面说明了 NPISH 部门的地位和影响。

（三）SNA1993

首先，将非营利机构区分为市场和非市场非营利机构；其次，将那些按成本收费的教育、医疗等市场非营利机构归入非金融公司部门，将提供金融服务的市场非营利机构划归金融公司部门，消除 SNA1953、SNA1968 的分类盲点。由于大多数国家没有参照 SNA1968 的建议分类 NPISH，因而一些学者建议，回归之前的分类方式，仍将其并入住户部门。也有一些学者认为，将 NPISH 与住户混编不仅会影响非营利机构的数据质量还会干扰住户部门的经济行为分析，最终仍然维持了原有分类设置。

SNA1993 进一步指出，为企业服务的非营利机构主要向会员提供服务，其"会员价（会费）"具有显著的经济意义，属于市场非营利机构，其产出计入企业的中间消耗。政府控制与主要资助的非市场非营利机构所提供的个人服务，其产出纳入政府的最终消费支出以及住户的实际最终消费。应特别关注的是向住户提供服务且未被政府控制的非营利机构，依据其产出价格是否具有显著的经济意义，分别划归公司和 NPISH 部门，其产出处理为住户部门的最终消费支出或住户和 NPISH 部门的实际最终消费。由此可知，SNA1993 引入了实物社会转移、调整后可支配收入和实际最终消费等流量。

二、非营利机构卫星账户的提出

正如前述，SNA 的机构部门核算已经涵盖了非营利机构。但在 2003 年，联合国又颁布了《国民账户体系非营利机构手册》，建议各成员国编制非营利机构卫星账户。这一设想并非多此一举，有着深层次的原因和考虑。

（一）经济总量分析

目前，尽管非营利机构已具有重要的经济地位，但这种重要性更多地体现在归入其他部门的非营利机构，其产出总量与雇员人数远远超过了 NPISH 部门，因而获取其他部门中的非营利机构信息，进而实施非营利部门"总体核算"，对于宏观经济管理与分析而言是十分必要的。然而，SNA1993 中的非营利机构"分类核算"没有在公司和政府部门建立非营利机构子部门，实际上将市场非营利机构与企业单位、非市场非营利机构和政府单位混杂在一起，无法将其从公司和政府部门中分离出来，或说其产出隐藏在企业和政府产出之中，无法通过直接汇总的方式进行非营利部门"总体核算"。

从理论上来看，机构部门分类"……可以对经济体不同部门之间的相互作用进行观察和分析，以便于政策的制定"（联合国等，2008，第22.1段），例如，"政府可以利用其权力推行影响其他经济单位行为的各种法律，可以自由地通过税收和社会保险金等手段对收入和财富进行重新分配"（联合国等，2008，第22.2段）。但将所有的企业、政府和住户单位分别归入公司、政府和住户部门，唯独非营利机构实施"分类核算"，实际上违背了"组内同质、组间差异"的统计分组原则，也与 SNA 的机构部门分类规则相悖，例如，"构成经济总体的常住机构单位，

可以归并为下面五个彼此之间互不重叠的部门"（联合国等，1993，第4.6段）。尽管存在一些问题和质疑，SNA 仍然坚持"分类核算"，实质上与非营利机构理论的要求存在密切关系（见表2-2），即不同的理论诠释了各类非营利机构的产生原因和运作机理①。正因为此，即便 SNA2008 也未改变"分类核算"的模式，但出于非营利机构"总体核算"的需要而增设了非营利机构子部门，无论是公司部门还是政府部门，均提出了两种子部门设置方案。

表2-2　不同理论所解释的非营利机构类型

非营利机构理论	非营利机构类型
市场失灵、政府失灵与志愿失灵	生产公共物品的非营利机构
契约失灵	为住户服务的市场非营利机构
消费者控制	为工商业服务的市场非营利机构 为住户服务的非市场非营利机构

资料来源：李海东，2014。

1. 公司部门

对于非金融公司部门，第一种方案是将其区分为公营非金融公司、本国私营非金融公司、国外控制的非金融公司和非营利机构四个子部门：首先，将公司部门区分为公司和非营利机构；其次，再按公营、本国私营和国外控制对公司进行细分。第二种方案是先将非金融公司划分为公营非金融公司、本国私营非金融公司和国外控制的非金融公司三个子部门；其次，将每个子部门再区分为"非营利机构"（NPI）和"营利性机构"（FPIs）两个部分（联合国等，2008，第85页之表4.1）。第二种分类方案以公营、本国私营和国外控制作为第一层次，再将公司和非营利机构的区分作为第二层次。金融公司部门的子部门划分类似于非金融公司，只不过子部门设置达9个之多（联合国等，2008，第86页之表4.2）。

---

① 一些中国学者认为，政府对社会组织的态度也直接影响中国非营利部门的规模。例如，俞可平（2006）指出，当前党政部门对社会组织较为普遍的看法是：属于非正式机构，经济体量较小；若发展壮大可能会脱离政府的控制。因此，如果社会组织的活动（如教育、医疗、人道主义、环保和社会服务等）有益于政府时，那么政府才会为其提供诸多便利（引自杨建英，2008）。

2. 政府部门

一是分为中央政府、省级政府、地方政府和社会保障基金四个子部门，非营利机构被包含在各级政府之中；二是分为中央政府、省级政府和地方政府三个子部门，各子部门包括非营利机构和社会保障基金。无论如何划分，非营利机构均从属于各级政府。

与 SNA1993 相比，SNA2008 在维持"分类核算"的同时又可实施非营利部门"总体核算"，事实上接受了《手册》的分类建议，并给出了更完善的分类方案以编制卫星账户。综合来看，学者们更倾向于第二种分类方案[①]，例如，Peter van de Ven（2006）认为，非金融公司部门的第二种分类方案更有利于展示非营利机构在国际化方面的进展和影响；类似地，被国外控制的 NPISH 在发生自然灾害的国家可能发挥了显著的作用，因而也希望将 NPISH 部门区分为国外控制的 NPISH 和本国私营的 NPISH 两个子部门[②]，并在计算实物社会转移时更加方便。尽管第二种分类方案所提供的信息量更多，但分类工作量也大，子部门设置较细可能会使某些类别所包含的非营利机构数量较少，经济活动的规模也较小（Peter Harper，2006）。因此，SNA2008 对子部门分类方案的选择没有做出硬性规定，同时提供两套分类方案，各国可结合自己的国情灵活处理，但从非营利机构"总体核算"的角度来看，没有多大的差别。

（二）经济特征对比

在非营利机构研究领域，非营利部门又被称为"第三部门"，出现在"第一部门"（企业）和"第二部门"（政府）之间的宽广领域，具有较强的异质性，在结构运作方面一些非营利机构类似于企业，另一些更接近政府，故需采取有差异的管理方式，也说明"分类核算"的有效性。基于此，SNA1993 按照市场与非市场属性、政府控制和主要资助等分类标志对非营利机构进行了详细区分，根据非营利机构与企业和政府的相近程度分别将其归入公司和政府部门，意欲在同一背景之下凸显非营利机构的不同之处。类似地，SNA2008 也注意到"某些非营利机构像企

---

① 1993 SNA Update Information，详见 https：//unstats. un. org/unsd/sna1993/sui. asp。

② 三个机构部门对非营利机构子部门的划分存在一些差异：公司和 NPISH 部门均可将非营利机构划分为国外控制的和国内控制的非营利机构，而一般政府部门仅按层级细分，即均为本国政府控制的非营利机构。此外，NPISH 和公司部门的不同点在于，不存在"本国公营的 NPISH"，如果 NPISH 被本国政府控制则应归入政府部门。

业一样……，但有些非营利机构却像政府单位一样是非市场生产者"（联合国等，2008，第23.1段），尤其值得关注的是非营利机构所扮演的"某种不同寻常的角色"。因此，深入探讨非营利机构的特征表现是非营利机构核算的一项重要任务。

1. 市场非营利机构与企业

在SNA中，"市场生产者"的本质含义是以有经济意义的价格销售其全部或大部分产出，但并不一定就是营利性企业，也就是说"市场"这个术语并不意味着利润最大化（Helmut K. Anheier、Gabriel Rudney和Lester M. Salamon，1994），因此，公司部门既包括营利性企业也兼容市场非营利机构。

市场非营利机构与企业均为市场生产者，无消费功能，但市场非营利机构不允许利润分配，故不能像企业那样通过股权资本来筹措资金，自然不存在类似红利和股息这样的支出流量；市场非营利机构之所以实施"商业化经营"，目的在于弥补经营成本，这又明显不同于非市场非营利机构。由于市场非营利机构的运作目标具有公益性，故既可雇佣付酬雇员也能吸引一定数量的志愿者，并在志愿劳动和赠与的利用程度与使用范围方面超过了营利性企业。此外，市场非营利机构的非营利身份也可吸引政府和民间资助，其资助力度甚至等于所销售的产出或超出之，以降低原本高额的收费水平（联合国等，1993，第4.58段）。还需注意的是，非营利机构通常享受优惠的税收待遇，也具有不同于企业的管理结构。综合来看，划归公司部门的市场非营利机构由于非分配约束而不同于公司之类的纯市场生产者，在收入来源及构成方面又不同于划归政府和NPISH部门的非市场非营利机构。

2. 非市场非营利机构与政府

非市场生产者免费或以无经济意义的价格销售其全部或大部分产出，其产出往往不是通过市场机制而是经由某种分配方式进行的，因为非市场货物与服务的市场定价很困难，或由于税收和志愿捐赠而使市场定价不重要（Helmut K. Anheier、Gabriel Rudney和Lester M. Salamon，1994）。因此，政府部门既包括政府单位也涵盖政府控制的非市场非营利机构。

非市场非营利机构与政府均为非市场生产者，都有消费功能，其产出为住户、政府或 NPISH 部门所消费。尽管非市场非营利机构既可生产公共物品又可提供私人物品，但在决定公共物品的种类与分配方面不具有政府的强制性权力，不像政府那样可以利用税收而更多地依赖于政府资助和其他捐赠（联合国等，2008，第 23.11 段），并且与政府的管理结构也不相同。在现实中，人们还非常关注非营利机构与政府之间是相互替代的竞争关系，还是合作共生的依赖模式，例如，政府提供资金而由非营利机构提供服务。

将为企业和住户服务的市场非营利机构归入公司部门，可以实施纯市场生产者与非营利市场生产者之间的对比；将政府控制的非营利机构划归政府部门，可进行政府非市场生产单位与非营利非市场生产者之间的比较。若按"服务对象"进行分类，似可将为住户服务的非市场非营利机构（NPISH）转入住户部门，但核算体系没有这样处理，除了前文所提及的原因之外，还因为住户部门中的非法人企业是市场生产者，而 NPISH 是非市场生产者，无法像公司和政府部门在相同的背景下进行差异比较。反之，单列 NPISH 之后既可进行市场与非市场生产者之间的对比，也可实施不同非营利机构类型的比较。但在"分类核算"的规则下，欲达成上述目的尚需在公司和政府部门设置非营利机构子部门，这也是 SNA2008 非营利机构核算实施改进的重要原因之一。

经济总量分析的前提是核算公司和政府部门中的非营利机构，经济特征对比的目的在于非营利机构的分类管理，无论哪一研究目标均需获取非营利部门的完整信息。尽管 SNA 中心框架大体上能够胜任这些工作，但在非营利机构特征描述上不够全面：与其他机构类型相比，非营利机构的发展既需要政府支持（政府支付）也离不开住户奉献（志愿劳动）；即便在非营利部门内部，市场非营利机构也会做"善事"（非市场产出），并非 SNA1993 所声称的"这种非营利机构不是慈善机构"（联合国等，1993，第 4.58 段）那样绝对。如果忽略了非营利机构的上述特征，势必会低估非营利部门的产出，也使其成本核算失真。但是，若在 SNA 中心框架增加这些核算，则由于或仅为非营利机构的独特特征（如市场非营利机构的非市场产出），或对其他机构部门而言并不重要（如志愿劳动的虚拟报酬），反而降低了中心框架的效用，而卫星核算则是避免上述不足的有效方式。

第二节　联合国非营利机构卫星账户的编制

一、编制思路与步骤

由卫星账户的编制过程可知，《手册》推荐的核算思路是：立足于 SNA1993 的机构部门账户，由非营利机构"分类核算"过渡到"总体核算"，进而实施扩展，以超越 SNA1993 的核算架构。实践中，卫星账户的编制取决于数据来源，采取的是"三步走"的策略。

（一）短期目标：卫星账户的简易形式

基于现有的 SNA 数据来源（就业调查、基层单位调查、产业调查和人口普查等），编制简易形式的卫星账户（又可称为简易账户），仅包括那些最基本和最容易获取的非营利信息。限于数据来源，简易账户缺编以下表格或项目（联合国，2003，表 T4.2）。

1. 与志愿活动有关的表格

由于大多数国家尚未开展志愿活动调查，或缺乏持续稳定的数据来源，故简易账户没有包括下列表格：

表Ⅲ.3（按部门和机构类型分组的综合经济账户）

表Ⅳ.3（按产业、部门和机构类型分组的产出、增加值和就业）

表Ⅴ.2（按职业、性别和年龄分组的非营利机构付酬雇员、志愿者和成员）

表Ⅴ.3（按职业、性别和年龄分组的志愿赠与）

以下表格只有一种或两种变量形式（变量Ⅰ和变量Ⅱ）：

表Ⅰ（总体非营利机构部门）

表Ⅱ.1（按非营利机构类型分组的支出种类）

表Ⅱ.2（按非营利机构类型分组的收入来源）

表Ⅱ.3（按非营利机构类型分组的转移支付）

表Ⅳ.4a（按机构类型及目的分类的一般政府的最终消费支出）

表Ⅳ.4b（按部门和机构类型及目的分类的个人最终消费支出）

还需注意的是，表Ⅵ（按机构类型分组的总体非营利机构部门的关键维度）缺失第 18 列、第 20 列和第 21 列的数据。

2. 与扩展核算有关的表格

短期目标没有包括扩展核算，故未编撰表Ⅴ.4（按非营利机构类型分组的部分产出和能力指标），而表Ⅴ.1（按非营利机构类型分组的非营利实体、成员和成员身份）也只有第一列提供数据。

3. 某些项目未提供细节信息

由于缺失志愿劳动的数据资料，因此，仅展示了付酬雇员的劳动报酬；为减轻工作量，简易账户没有提供财产收入的分量描述，导致表Ⅰ、Ⅲ.1（按部门和机构类型分组的综合经济账户，变量Ⅰ）、Ⅲ.2（按部门和机构类型分组的综合经济账户，变量Ⅱ）在细节描述上不够完整，并且没有编制表Ⅱ.5（按非营利机构类型分组的资产积累及存量状况）。

（二）中期目标：卫星账户的细分形式

创建专门的非营利机构数据来源，例如，"组织调查"或"赠与及志愿活动调查"等，测度志愿劳动的虚拟报酬和志愿劳动的非市场产出，在此基础上编制与志愿活动相关的表格，增补表格中有关变量Ⅲ的数据；通过非营利机构注册系统和非营利机构子部门调查编制表Ⅱ.5，同时完善雇员报酬和财产收入的细节描述。类似地，卫星账户的细分形式又可称为细分账户。

（三）长期目标：卫星账户的扩展核算

在进一步调查的基础上实施扩展核算，分别将非营利部门的结构、能力与产出、客户、影响和绩效核算纳入卫星账户，进而编制表Ⅴ.4，补齐表Ⅴ.1 的缺失数据。若现行国家调查系统已经涵盖了某些扩展的数据来源，则相关核算可以提前至短期或中期阶段进行。

二、核算问题

由卫星账户的编制思路和实施步骤可知，非营利机构核算需重点解决以下四个问题。

（一）识别问题

从某种角度来看，首先，SNA1993 提及的是"组织性"（Organization），例如，非营利机构是法律或社会实体。类似地，SNA2008 和卫星账户也

将"组织性"视作非营利机构的识别起点,认为"这些组织应以可识别的机构形式存在"(联合国等,2008,第23.17段),但未强调法律地位,转而关注内部组织结构、持续的运作目标和有意义的组织范围等,例如,成员数的下限、规范的名称、组织机构、固定活动场所、专职工作人员、资产与经费来源、组织管理制度、执行机构的产生程序、负责人的资格要求和遴选罢免的程序等。按照惯例,其运作时间须持续一年以上,故未包括纯系特设或临时的人群集会(联合国,2003,第2.15段)。由此可知,"组织性"实际上是机构单位的基本特性。尽管非营利机构可以采取协会、基金会等多种法律形式,但即使经由工商注册或未注册也不影响其本质,尤其适用那些无法在中国民政部门注册转而采取工商注册的非营利机构。

如果说"组织性"将非营利机构和临时的人群集会区别开来,那么"非营利性"(Not-for-profit,或"非分配约束")进一步区分了非营利机构与企业,例如,"其性质不允许其向成立、控制或资助它们的单位提供收入、利润或其他金融收益"(联合国等,1993,第4.54段),甚至当雇员的薪资或津贴过高时也被认为是一种变相违背。"非营利性"意味着无论创建者、控制方还是资助方向非营利机构投入了多少资产,一旦投入则自动放弃资产的所有权和收益权,并将其让渡于非营利机构。但是,"营利"是主观的经济行为,"盈利"是客观的经济结果(朱浩,2009),因而两者并不等价;当非营利机构缺乏经费或需弥补成本时,可能会提供有偿服务,因而有观点认为,应确定一个收费标准,只能低于该标准的机构单位,才是非营利机构(俞可平,2006)。然而,"非营利性"并不排斥服务收费,甚至规定较高的服务价格,但绝对不能分配盈余。如果将非营利机构的营业盈余移作他用,如创办营利性企业,或用于消费支出,则由于破坏了"非营利性"而不能归入非营利部门。非营利机构可以产生利润,从事市场性生产,但最本质的特征仍在于不得分配盈余。[①]

---

① 石邦宏、王孙禹(2009)认为,营利与非营利组织的判别标准包括"是否纳税"和"盈余分配"两个方面,例如,依法纳税且分配盈余的组织是营利性组织,不分配盈余且从事公益事业的组织是非营利性组织。而朱浩(2009)进一步指出,尽管"非营利"并非不能盈利,但同时类推其目的在于追逐公益也不一定准确,许多非营利机构的创建并非出于公益目标,还有其他非营利目的。

尽管 SNA1993 认为，非营利机构只生产个人服务（联合国等，1993，第4.55段），以凸显其与政府之间的差异，但这种区分并不准确，例如，SNA2008 就包括了提供公共服务的 NPISH。由此可知，SNA1993 能够有效区分非营利机构与企业，却未详细阐明非营利机构与政府、住户之间的差异；而手册从机构单位的组织结构和运作特征出发，在 SNA1993 的基础上增加了"私人性""自治性""志愿性"三个判别标准。

1. 私人性（Private，民间性）

"私人性"的核心是"机构上与政府相分离"，强调非营利机构不是政府的组成部分。与政府不同，非营利机构不是通过政治程序建立的，不具有立法、司法或行政权力。尽管政府和非营利机构均可提供公共服务，但非营利机构不能通过税收或强制性转移来维持公共服务的供给。在政教合一的国家，国教对国家的政治生活和政策制定有很大的影响力，甚至接受税收资助，实际上执行了政府的立法和行政职能，因而不满足"私人性"。必须注意的是，"私人性"强调非营利机构的非政府特征，并不意味着不能接受政府的资助和行使政府授予的某些权力，如某些领域规则与标准的制定，代政府发放补贴、赔款与签订合同等，或者一些政府不便处理的事务多委托非营利机构代理，与 SNA1993 对政府控制的非市场非营利机构的特征描述如出一辙[①]。当然，如果政府认为这一代理不合适或出现权力滥用，则可以收回或取消。

核算中还应避免一些认识误区，例如，"私人性"表明非营利机构与政府没有任何关系，是民间力量举办的机构类型；但在现实生活中，政府同样可以创建、资助和控制非营利机构。也有一些表述将"私人性"粗略地归纳为"非政府"，但"非政府组织"不一定就是非营利机构，其范围更大，甚至还包括了国际犯罪网、恐怖分子、分裂主义者、秘密会社和贸易组织等（杨建英，2008）。尽管 SNA 出于数据质量的考虑而包括了非法活动，但绝大多数贸易组织属于营利性机构。

2. 自治性（Self-governing）

"自治性"强调非营利机构不受其他机构单位的控制，保有相当程度

---

① SNA2008 也维持了同样的观点，例如，"政府可能更愿意选择非营利机构，而不是政府机关去实现某些政府政策，因为非营利机构被认为是不面临政治压力的，例如，卫生、安全、环境和教育等领域的研发、各种标准的设立和维持，在这样的领域中，非营利机构可能比政府机关更有效"（联合国等，2008，第22.22段）。

的独立性。非营利机构要实现自己的使命就必须具有独立的决策、实施和管理能力，如果组织所保留的自主程度很低，则可能被政府或企业所控制，甚至成为其代理机构，无法发挥独立的第三方作用。然而，"虽然这些单位的自主权在某种程度上要受其他机构单位的限制，例如，公司最终总是由股东控制，但它们毕竟能为其经济决策或经济行为承担责任"（联合国等，1993，第4.5段），因此，"自治性"意味着能以自己的名义实施经济决策和承担经济责任，更直观地说具有决定组织总体政策或规划的能力，着重表现在制度和人员两个方面（联合国，2003，第2.18段）。

从理论上来看，"自治性"指非营利机构不受政府和企业的控制，但无论SNA还是《手册》，"自治性"更强调不受政府控制，因为政府对非营利机构具有较强的管控能力。例如，政府通过法律法规的制定实施以确保非营利机构的发展空间，经由资源供给和管理监督以维持非营利机构的"非营利性"等。不过，政府对非营利机构的控制并非仅出于自身目的，也代表了其他机构类型的利益，例如，要求非营利机构定期公布财务信息，为监控非营利机构提供客观条件等（李文钊、董克用，2010）。

相对SNA1993和《手册》而言，SNA2008对"政府控制"的解释更加全面，具体包括五条细则（联合国等，2008，第4.92段），也可依其重要程度归纳为三个方面：

（1）官员的任命。政府有权任命非营利机构的高级管理人员。

（2）可授权文书的其他条款（以下简称其他条款）。如果将官员任命视作显性控制，则其他条款就可理解为隐性控制，即通过其他方式同样可以控制非营利机构，无须任命官员或说官员任命已不重要。其他条款主要包括直接规定或限制非营利机构的功能、目标和经营事项，赋予政府更换关键人员或否决任命提名的权利，预算和资金安排上预先征求政府的同意，非经政府同意不得修改章程、宣布解散或终止与政府的关系等。

（3）其他。官员任命和其他条款是决定性的控制标准，其余三项标准带有某种或然性。如果政府与非营利机构签订了某种合约，为了保证合约的实施有可能实施控制，例如，对非营利机构总体政策和规划方面的介入（合约安排）；如果政府向非营利机构提供了主要资助，也有可能形成控制（资金来源状况）；如果政府向非营利机构提供了担保，那么政府与非营利机构须共同承担风险，为抑制风险也可能形成控制（风险暴露）。但是，上述三项标准并非决定性的，例如，尽管政府与非营利机构签订了合约，如果非营利机构能够违反合约且承担后果，能够独立修订章程或宣布解散，则仍被认为具有"自治性"。类似地，如果政府向非营利机构提供了主要资助，但非营利机构仍然可以决定其政策和规划，也可认为未受政府控制。

3. 志愿性（Non-compulsory，非强制性）

志愿意味着非强制，是指成为非营利机构的成员和资源筹集不是强制的。可以认为，"志愿性"侧重强调非营利机构与住户的不同。欲成为某一住户的成员多由出生决定，作为住户成员尚需汇集部分收入、财产和共同消费，均可理解为强制性。然而，如果想成为某一组织的成员，是否捐赠金钱或时间以及捐赠多少等纯属志愿的话，则该组织就具有"志愿性"；即便加入某一非营利机构必须具备某种资格，如教师资格、律师执业资格等，也不意味着形成强制。实践中，也可通过"志愿性"来判定某些特定职业的归属，例如，消防人员在和平时期实施无报酬的救助行为是法律规定的应尽义务，不能看作志愿者，消防部门也不是非营利机构。

SNA 的非营利机构定义以非营利性为核心，而《手册》定义中的私人性强调"非政府"，自治性强调"非政府非企业"，志愿性强调"非住户"。必须注意的是，非营利机构需同时满足五项标准，不能仅考虑其中的某一项或某几项，否则会导致甄别失误（俞可平，2006）。例如，仅仅强调"非营利性"可能会将非营利机构与政府单位混在一起，过于关注"私人性"又可能将非营利机构与企业混为一谈。但在这五项标准中，"私人性"和"非营利性"是最为核心、最为重要的识别标准。

（二）分类问题

由结构运作定义得到的非营利部门，在范围和规模上远远超过了 NPISH 部门。将各类非营利机构组合在一起显然强化了部门的异质性，也凸显了非营利机构分类的重要性，包括产业分类和功能分类。

1. 产业分类

尽管非营利机构具有"非营利性""私人性""自治性"若干特征，但和公司、政府以及住户非法人企业一样从事各种生产活动，理论上可出现于任何产业，只是在现实中大多集中于教育、医疗和社会服务等产业领域而已，故其产业分类完全可以使用《国际标准产业分类》（ISIC）。然而，如此处理也存在一些问题，因为 ISIC（第三版）尚未意识到非营

利机构卫星账户的核算需求，对一些与非营利活动密切相关的产业分类处理得相当粗略，主要包括"其他人类卫生活动"（8519）、"不提供食宿的社会工作"（8532）和"未另列明的其他成员组织活动"（9199）三个四位数分类。为解决这一问题，约翰·霍普金斯比较非营利部门项目（CNP）开发了《非营利组织国际分类》（ICNPO），随之成为《手册》的推荐分类。

之后，ISIC（第四版）弥补了这一不足。在对 ISIC（第三版）进行修订时，借鉴了《北美工业分类制度》，对 889（其他不配备食宿的社会服务）和 949（其他成员组织的活动）这两个大组进行了更为详尽的细分，并将其纳入 ISIC（第四版）的"备选结构"（联合国，2009，第 261~264页）。因此，目前无论采用 ISIC（第四版）还是 ICNPO 其实并无太大的差异。但是，ICNPO 是专门针对非营利机构设计的产业分类，比 ISIC（第四版）更详细，所划分的 12 个"活动组"更好地兼顾了非营利机构的活动领域（见表 2-3），何况已经实施了多年，因此，在编撰卫星账户时仍然是首选分类。

表 2-3　非营利组织国际分类（ICNPO）

活动组	小组
1. 文化和娱乐	1 100 文化和艺术 1 200 体育 1 300 娱乐和交谊俱乐部
2. 教育和研究	2 100 初级和中级教育 2 200 高等教育 2 300 其他教育 2 400 研究
3. 卫生保健	3 100 医院和康复 3 200 疗养院 3 300 精神健康和危机干预 3 400 其他卫生服务
4. 社会服务	4 100 社会服务 4 200 紧急情况和救助 4 300 收入补助和维持
5. 环境	5 100 环境 5 200 动物保护

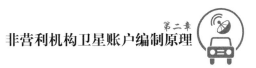

续表

活动组	小组
6. 发展和住房	6 100 经济、社会和社区发展 6 200 住房 6 300 就业和培训
7. 法律、倡议和政治	7 100 公民和倡议组织 7 200 法律和法律服务 7 300 政治组织
8. 慈善中介和志愿促进	8 100 补助发放基金会 8 200 其他慈善中介和志愿促进
9. 国际	9 100 国际活动
10. 宗教	10 100 宗教会社和协会
11. 商业和专业协会、工会	11 100 商业协会 11 200 专业协会 11 300 工会
12. 未另行分类	12 100 未另行分类

资料来源：联合国．国民账户体系非营利机构手册（2003）［M］．纽约，2005，第24页．

除了实践方面的优势之外①，ICNPO 还具有良好的延展性以适应多个研究目的，如类别重组和概念调整等（联合国，2003，第3.18段），以适应不同国家的国情。不可否认的是，概念调整对于中国而言特别有指导意义，例如，适当放松"自治性"的约束，将那些被政府控制而"自治性"不足的非营利事业单位纳入非营利部门。

2. 功能分类

由于非营利机构在 SNA2008 中被分别划归公司、政府和 NPISH 部门，故其功能分类比较复杂（见表2-4），总的原则是遵循所在部门的分类设置：归入公司部门的市场非营利机构与企业单位一样执行《按目的划分的生产者支出分类》（COPP），归属政府部门的非市场非营利机构参照《政府职能分类》（COFOG），只有 NPISH 部门单独使用《为住户服务的非营利机构目的分类》（COPNI）。至于欧洲核算体系（ESA）中的分配至住户部门的非营利机构，尽管没有明确规定，但依据上述分类原则

---

① 各国在《手册》测试和卫星账户试编时均使用了 ICNPO，还有一些国家（如加拿大、意大利等）的统计方案也包括了 ICNPO（联合国，2009，第235段），并取得了良好的效果。

应该使用《按目的划分的住户消费分类》（COICOP）。

表 2-4　非营利机构的功能分类

非营利机构类型	功能分类
1. 市场非营利机构	1. 按目的划分的生产者支出分类（COPP）
2. 政府控制的非市场非营利机构	2. 政府职能分类（COFOG）
3. 为住户服务的非营利机构	3. 为住户服务的非营利机构目的分类（COPNI）
4. 住户部门非营利机构	4. 按目的划分的住户消费分类（COICOP）

　　由表 2-5 可知，COFOG 反映政府单位在一般公共服务、国防、公共秩序与安全等方面的支出，而政府控制的非市场非营利机构偏重于卫生、娱乐文化和宗教、教育等领域；COPNI 显示 NPISH 在住房、卫生保健等方面的支出。如果将分配在各个机构部门中的非营利机构组合成非营利部门，那么只需将相同支出归并即可得到非营利部门在某一功能领域的总支出，例如，将 COFOG 的第七类与 COPNI 的第二类合并即可获得政府和 NPISH 两个机构部门中的非营利机构卫生保健支出。因此，即使各类非营利机构使用不同的支出代码也不会影响支出核算，似乎无必要再单独设计一套涵盖所有非营利机构类型的功能分类。

表 2-5　COFOG 和 COPNI 的分类构成

COFOG	COPNI
1. 一般公共服务	1. 住房
2. 国防	2. 卫生保健
3. 公共秩序与安全	3. 娱乐和文化
4. 经济事务	4. 教育
5. 环境保护	5. 社会保障
6. 住户和社区设施	6. 宗教
7. 卫生	7. 政治团体、劳动和专业组织
8. 娱乐、文化和宗教	
9. 教育	
10. 社会保障	

资料来源：联合国等 . 2008 国民账户体系［M］. 2012：595.

　　即便志愿劳动核算，其功能分类也应与非营利机构保持一致，只不过需掌握志愿劳动的投入去向。例如，若政府部门非营利机构使用了志愿劳动，就应采取 COFOG 进行分类。至于非营利部门供需分析，可将产业分类和功能分类组合在一起，例如，非营利医疗卫生供给包括在 ICNPO 的第 3 活动组（卫生保健），而将 COFOG 的第七类（非营利部分）与 COPNI 的第二类合并即可得到同类服务的非营利需求。不过，无论是产业分类还是功能分类，针对的均为当前非营利机构的活动领域，并非一成不变；尚应动态观察非营利活动的领域变化，并在此基础上不断调整。

（三）变量设置

卫星账户的变量体系可分为四个部分（见表 2-6）。"核心价值变量"是 SNA 中心框架的流量与存量，系统描述非营利部门的经济运行，其他变量对"核心价值变量"进行补充与扩展，例如，"附加的价值变量"展示 SNA 中心框架缺失的非营利特征，"核心社会和经济数量指标"反映非营利部门的供给，"附加的数量和质量测度"中的客户和用户变量呈现非营利服务的需求，至于影响和绩效变量重点测算非营利机构的运作效率及其对公平和包容的贡献。相对 SNA 中心框架，卫星账户的核算与分析功能要强大得多。

表 2-6　非营利机构卫星账户的变量设置

变量体系	构成
核心价值变量 （Core Monetary Variables）	从生产账户到资产负债表的所有变量，同时增补了人口和劳动投入两个变量
附加的价值变量 （Additional Monetary Variables）	（1）政府支付 （2）市场非营利机构的非市场产出 （3）志愿劳动的虚拟报酬
核心社会和经济 数量指标 （Core Quantitative Social and Economic Indicators）	（1）结构变量（Structure Variables）：实体数；付酬雇员数和全日制等值；志愿者人数和全日制等值（联系志愿就业）[①]；成员数（联结收到的转移）；成员资格数；赠与 （2）产出和能力变量（Output and Capacity Variables）：能力和产出的实物测度（联结非营利机构产出和非金融资产的货币测度）；非营利部门的能力和产出份额

---

① 《手册》特别强调变量之间的联结及卫星账户与其他统计体系的联结。例如，将住户与非营利机构联系起来，两者之间存在雇佣、客户等关系，在此基础上可按技能和职业对雇员进行分类，按人口特点或社会等级对客户进行分类，以分析非营利机构对各种住户群体的影响。

续表

变量体系	构成
附加的数量和质量测度（Additional Quantitative and Qualitative Measures）	（1）客户和用户变量（Clients and Users Variables）：客户和用户情况；用户、客户、成员的参与；用户、客户、成员的满意度 （2）影响和绩效变量（Impact and Performance Variables）：效率（联结产出、生产率和非金融资产的货币测度）；公平——再分配方面（联结住户收入）；公平——社会包容

资料来源：联合国. 国民账户体系非营利机构手册（2003）[M]. 纽约，2005：43-45.

在核算时，卫星账户特别关注非营利机构的运作特点：市场产出以销售收入、费用（Fees）和手续费（Charges）[①] 等流量测度，例如，第三方支付、非营利大学的学费和艺术组织的表演入场费等；非营利机构的中间消耗多为办公用品、差旅费和法律服务等，通常无须支付生产税；财产收入维系了 SNA1993 的惯例，主要包括利息、公司已分配收入、准公司收入的提款和租金。尽管非营利机构可以购买公司股票以获得红利，但不能发行股票，否则将违背"非营利性"，因而没有红利支付这一流量。与 SNA 中心框架相比，《手册》给出的财产收入范围较窄。

考虑到转移收入是非营利机构的重要收入来源，卫星账户给予了详细的区分。从转移的内容来看，在现金转移和实物转移的基础上增添了志愿时间捐献；从转移的性质来看，重点核算其他经常转移和资本转移，并被区分为私人慈善、政府赠款和转移、外国赠款和转移三个来源，与非营利机构自身的认识保持一致。在非营利机构的资本形成中，资产积累多为诊所或学校建筑物、图书馆博物馆馆藏、办公设备和雕塑以及其他艺术品等，这一特征同样体现在资产负债表的构成项目上。

"附加的价值变量"是卫星账户专门设计的变量，这些变量不仅完善了非营利机构的特征描述，而且对非营利部门经济运行的影响具有全面性，自然成为卫星账户的重点。

1. 政府支付（Detail on Government Payments）

政府支付是政府对非营利机构的所有支付，包括对非营利机构产出

---

① Charge 指提供服务时索取的费用，例如，手续费、运费等；Fee 多指上学、求医以及找律师等支付的费用，还可指会费等支出。上述细节体现了非营利服务的特点。

的购买，也涉及各类转移。该变量较好地展示了非营利机构的重要筹资方式，政府也通过购买和转移等手段实施政策或施加影响。此外，设置这一变量的原因还在于政府支付在 SNA 中心框架中散布于各机构部门的生产、收入分配与使用以及积累核算之中，无法从整体上了解政府对非营利机构的支付总额。

2. 市场非营利机构的非市场产出（Non-market Output of Market NPIs）①

SNA2008 认为，非市场生产者既可生产非市场产出也可提供市场产出，以"补偿成本或取得盈利"（联合国等，2008，第 6.133 段），而市场生产者只生产市场产出。从理论上来看，承认非市场非营利机构能够生产市场产出，并不排斥市场非营利机构也能提供非市场产出，因为市场非营利机构不同于纯市场生产者，有可能获得资助而下调产出价格。例如，纳入非金融公司部门的为住户服务的市场非营利机构（学校、医院等）一般按有经济意义的价格销售服务，由于非营利身份而可能接受社会捐赠，因此，可以无经济意义的价格销售部分产出。也就是说，尽管市场非营利机构不是慈善组织，但在收入能够弥补成本的情况下，也可能做"善事"，例如，减免某些学生的学费和病人的医疗费等，如果将这些非市场产出排除在外，势必影响市场非营利机构的产出核算。具体核算方法有两种：

（1）简化法（Simplified Procedure）。如果市场非营利机构的成本大于市场销售收入，则成本减销售收入的余额即为非市场产出；如果成本小于市场销售收入，则认定非市场产出为零。

（2）分离法（Separation Method）。将市场非营利机构分拆为两个基层单位，一个是市场基层单位，以销售收入替代市场产出；另一个是非市场基层单位，按成本测算非市场产出。出于数据来源的考虑，手册最终推荐了简化法，同时建议观察非营利机构是否获得了社会捐赠和志愿劳动，以避免出现误判。

3. 志愿劳动（Volunteer Iabour）

在卫星账户中，志愿就业的虚拟价值（Imputed Value of Volunteer Employment）就是志愿劳动的虚拟报酬，是指非营利机构所使用的志愿

---

① 需注意的是，《手册》中的其他非市场产出是政府和 NPISH 部门中的非市场非营利机构所提供的产出，其价值以成本衡量。

劳动的虚拟成本，包括机会成本法（Opportunity Costs Approach）和替代成本法（Replacement Costs Approach）两种核算方法，前者从供给方后者从需求方入手进行测度。由于机会成本法的缺陷较多，因而《手册》推荐了替代成本法，并建议以社区、福利和社会服务业的平均总工资为影子工资，偏保守但简便易行。

（四）数据来源

在编制卫星账户时，首先是应找寻现有的数据来源，其次是如果存在数据缺口，则应开发新的调查方式。

1. 现有数据来源

最基础的工作是查找现有的非营利机构统计注册。更为常见的是，其他注册系统包括了非营利机构，可在此基础上识别和分离。一旦通过注册系统甄别非营利机构之后，就可利用现有数据来源编制卫星账户。在这一过程中，尚需注意数据口径，一些数据经过口径调整之后仍然有用，主要包括政府部门的行政记录、非营利协会的年度报告、专项调查和档案数据等。由于 SNA 采取的是四式记账方式，因而缺失的数据也可通过交易的另一方获得。

2. 新的调查方式

对于市场非营利机构的非市场产出核算，实际上是原有数据的重新处理；但志愿劳动的虚拟报酬核算需要志愿小时和影子工资等附加信息，故需启动新的调查方式或通过住户调查由提供方入手，或经由非营利机构调查从使用方入手获取志愿劳动的数据。

实践中，许多国家通过时间利用调查（TUS）来收集志愿活动的信息，也存在其他的调查方式：一是在住户调查中加入志愿劳动和赠与方面的调查项目，例如，"赠与和志愿活动住户调查"（Household Survey of Giving and Volunteering）；二是对非营利机构进行组织调查（Organizational Survey）。将志愿活动嵌入住户调查的成本较低且工作量较小，是《手册》特别推荐的调查方式，而组织调查多作为备选。至于小型或非正式非营利机构的调查，《手册》建议采取"滚雪球调查"的方式进行。

第三节　中国非营利机构卫星账户的编制思路

总体来看，中国非营利机构卫星账户的编制至少应达到三个目的：一是描述非营利部门的经济活动，包括非营利部门创造了多少经济价值，是否值得投入？非营利部门对其他机构部门乃至经济总体产生了哪些影响？例如，非营利部门从其他机构部门获取的产出和非营利部门对其他机构部门提供的产出，尤其是非营利部门对教育、医疗和社会服务等领域的推进作用；二是服务于非营利部门的效率评价，测度中国非营利部门的生存能力和国际竞争力；三是为公平与包容研究提供数据来源。

在解决经济社会问题时，人们还关注的一个问题是应该选择何种机构类型？如果是非营利机构，应该选择市场非营利机构还是非市场非营利机构，政府是否控制和资助等。欲达成这一目的，就需全面比较企业、政府和非营利机构的效率与公平，要求核算体系提供尽可能完备的信息资料。因此，中国卫星账户应以机构部门账户为起点实施非营利部门"总体核算"，同时完善非营利机构的特征描述。

对比可知，虽然参照联合国的编撰思路能够实现中国非营利机构卫星账户的编制目的，但不能全盘照搬，"短表、长表、扩展"的编制思路更能结合中国实际，阶段分明且更具有可操作性。《手册》推荐的核算思路将政府支付和市场非营利机构的非市场产出核算归入简易账户，将志愿劳动的虚拟报酬核算纳入细分账户，使短期目标（简易账户）与中期目标（细分账户）之间不存在一条清晰的界限；如果将"附加的价值变量"全部归入细分账户，反而有利于集中体现非营利特征所产生的影响，也使各个阶段的工作量分布较为均衡，尤其能够减小中国卫星账户编撰初期的工作强度，毕竟 CSNA 与 SNA 相比还存在一些差距。例如，中国国民核算体系（CSNA2002）已与 SNA1993 全面接轨，建立了非金融企业、金融机构、政府和住户部门核算，但非营利机构核算是个例外。尽管最新版本的 CSNA2016 已经颁布实施，但仍相当于从无到有地建立中国非营利机构卫星账户，尚需做大量的基础性工作。

遵从上述思路，可将中国非营利机构卫星账户的编制进程区分为三个阶段。

一、第一阶段：中国非营利机构卫星账户——短表

短表建立在机构部门账户的基础之上，反映非营利部门的经济运行。相对 CSNA2002 而言，CSNA2016 已经建立了较为完整的非营利机构核算。因此，仍应以"分类核算"为起点，以 NPISH 部门为核心，汇聚其他部门中的"非营利机构子部门"，组建卫星账户中的非营利部门，以编制卫星账户短表。在"分类核算"向"总体核算"的过渡中，非营利机构的识别与分类是重点。

二、第二阶段：中国非营利机构卫星账户——长表

尽管短表实现了非营利部门的"总体核算"，但仍然建立在 SNA2008 的中心框架内，将非营利机构与政府和企业同等处理，没有体现出非营利机构的独有特征。基于此，长表在 SNA 流量与存量（变量Ⅰ）的基础上，通过变量类型的扩展渐次引入市场非营利机构的非市场产出（变量Ⅱ）和志愿劳动的虚拟报酬（变量Ⅲ）核算，以完善非营利机构的特征描述，使非营利部门的成本和产出核算趋于完整，也详细展示了非营利部门与其他机构部门之间的联系。因此，第二阶段的工作重点是政府支付、市场非营利机构的非市场产出和志愿劳动的虚拟报酬核算。

三、第三阶段：中国非营利机构卫星账户——扩展

"核心社会和经济数量指标"（包括结构变量、产出和能力变量）、"附加的数量和质量测度"（包括客户和用户变量、影响和绩效变量）属于卫星账户的扩展核算，其中的"影响和绩效变量"刻画了非营利部门的效率与公平，成为卫星核算的终极目标。从长远来看，比较公司、政府和非营利机构的效率，评估非营利活动对经济公平与社会包容的影响，以确定非营利部门在经济总体中的最优配置。

基于此，卫星账户将扩展核算与短表和长表信息综合起来，以探究非营利机构在哪些领域具有较高的供给能力和效率水平，是如何促进和谐社会的构建与可持续发展的，或说哪些领域更适宜非营利运作方式。但是，"影响与绩效"核算尚未研究成型，例如，《手册》仅给出了效率与公平核算的粗略思路，没有提及具体的核算方法，也未纳入卫星账户的表格之中。但总体来看，效率与公平核算需获取完备的投入产出和收

入再分配信息，数据来源是关键。

在三个阶段中，短表是卫星账户的编制起点，同时将SNA2008中心框架的机构部门核算与非营利机构卫星账户联结起来。长表的编撰又可划分为两个层次：政府支付和市场非营利机构的非市场产出核算实质上是原有数据的重新处理，故由短表进入长表第一层次的工作量不算太大；考虑到现阶段中国志愿劳动的规模较小，或者志愿劳动的虚拟报酬和志愿劳动的非市场产出不大，因而长表第二层次与第一层次的核算结果差异也不大，待相关调查体系建立以获取稳定的数据来源之后再进行推进则水到渠成（李海东，2014），对后续核算和国际比较也不会产生严重的影响。一旦短表和长表的编制工作结束，意味着已获取非营利部门完整的投入产出和再分配信息，即可实施效率和公平核算。因此，短表—长表—扩展之间既层层递进又相互关联，关键是长表，尤其是志愿劳动的虚拟报酬核算。

不过，在中国非营利机构卫星账户的编制中，尚需解决两个难点问题：

1. 非营利部门的确定

如果严格遵循结构运作定义，那么中国非营利部门的规模将相当小，因为完全符合这一定义的非营利机构数量较少；但在中国却有相当部分的机构单位介于政府和企业之间，其活动领域与国外非营利机构高度重合，实际上就是中国的"第三域"。如果卫星账户展示的中国非营利部门与客观实际相差较大，那么只能说明核算体系出了问题。因此，如何在核算原则与真实描述之间找到均衡点，是中国卫星账户需要解决的难点问题。

2. 数据来源的建设

短表的编制建立在SNA的框架基础之上，利用的是现有的数据来源，相对而言难度不大，仅需启动实物社会转移核算以全面展示非营利机构的再分配特征即可。但长表的编制和扩展部分核算需新增数据来源，尤其是志愿活动。当前，一些政府部门建立了志愿活动统计，例如，中国民政统计包括赠与和志愿劳动，中国国家统计局的时间利用调查（2008）也涉及志愿劳动；但同时也存在一些不足，例如，民政统计仅针对社会服务领域，时间利用统计的间隔较长，数据范围不全和数据来源不连续势必影响志愿劳动核算的顺利实施。

第三章
中国非营利机构部门的界定

编制卫星账户的首要问题是非营利部门的界定。首先，本章枚举中国的非营利机构类型，结合结构运作定义对其进行特征分析；其次，较为系统地探讨了中国国民核算体系的非营利机构分类与影响；最后，在 SNA2008 的基础上对中国非营利机构进行重新分类，同时确立其产业和功能分类体系。

第一节　中国非营利机构的识别

一般而言，非营利机构可享受一定的税收优惠，也通常具有公益目的，但最本质的特征仍然是非营利性。因此，通过组织机构类型（见表 3-1）将带有"非营利"标识的单位实体一一列示出来，是识别中国非营利机构、构建非营利部门的重要前提。

表 3-1　中华人民共和国的组织机构类型

组织机构	种类和编码
企业 （1）	公司（11）；非公司制企业法人（13）；企业分支机构（15）；个人独资企业、合伙企业（17）；其他企业（19）
机关 （3）	中国共产党（31）；国家权力机关法人（32）；国家行政机关法人（33）；国家司法机关法人（34）；政协组织（35）；民主党派（36）；人民解放军、武警部队（37）；其他机关（39）
事业单位 （5）	事业单位法人（310）；事业单位分支、派出机构（330）；其他事业单位（390）
社会团体 （7）	社会团体法人（71）；社会团体分支、代表机构（73）；其他社会团体（79）

组织机构	种类和编码
其他组织机构 (9)	民办非企业单位 (91)；基金会 (93)；宗教活动场所 (94)；农村村民委员会 (95)；城市居民委员会 (96)；自定义区 (97)；其他未列明的组织机构 (99)

资料来源：平谷统计信息网，http://www.pg.bjstats.gov.cn/zdbz/tjbz/swlxhf/3909.htm.

一、事业单位

在中国，事业单位不仅与人们的日常工作和生活息息相关，而且占有重要的经济地位。例如，2010年中国共有事业单位130万个，吸纳就业3000万人，无论是单位数还是就业人数均仅次于企业部门（王澜明，2010），其事业经费支出占据国家财政支出的30%以上。因此，在中国非营利部门的范围界定时，事业单位是一类不可忽视的机构类型，无论划归哪个机构部门，都将显著地影响中国国民经济的分类格局。

事业单位是政府利用国有资产创办的非营利性社会服务组织，无论是财政拨款还是社会捐赠均不以经济回报为目的；虽然事业单位的上级部门多为政府行政主管或政府职能机构，但其本身不是政府单位。然而，事业单位是否满足结构运作的定义规定，满足的程度如何，尤其在自治性、私人性和非营利性方面，尚需做进一步探讨。

（一）自治性

实践中，每个事业单位都有一个行政主管部门，负责监控其薪酬总额、经费使用和营运收入，防止生产经营超越规定范围。由于政府向事业单位提供了资产和经费，因此，要求它们承担既定的职责，也是政府控制的一个重要原因。但是，影响事业单位自治性的关键因素是官员任命和可授权文书的其他条款，例如，其领导人需政府任命，未经政府同意不得改变运营方向和自行解散等，说明政府对事业单位的总体决策和规划拥有决定能力。

从动态来看，事业单位的自治程度呈逐渐增强之势。在中华人民共和国成立初期，"行政事业一体化"的管理体制使履行"执行"职能的事业单位成为具有"决策"功能的行政机构的附属（朱光明，2006）。但改革开放以来，政府逐步扩大了事业单位的自主权，例如，人事管理制度改革和财务的独立核算等，使行政机构与事业单位逐渐由隶属关系转化

为合约关系（左然，2009）；在 1998 年国务院颁布实施《事业单位登记管理暂行条例》之后，事业单位已转变为独立的事业法人。尽管政府对事业单位的性质、宗旨和总体目标具有决定能力，但并未控制其日常运营，只要事业单位按照总体目标进行运作，独立实施各种专业或技术方面的具体事务，则其经常性活动是不受控制的，或可理解为政府仅对事业单位的宏观层面进行监控，并且针对的是所有的事业单位①。正如李文钊、董克用（2010）所指出的，若将事业单位的生产经营视作一个"投入—过程—产出"的流程，且政府仅仅监管"投入"和"产出"，则事业单位仍然拥有相当的自主权。因此，当前在 130 万个事业单位中，独立核算的 95.2 万个事业单位均可视作相对自治的机构单位；而非独立核算的事业单位不能以自己的名义拥有资产、发生负债和从事经济交易，不符合机构单位的定义界定，故仍然属于政府的附属机构。

不过，事业单位的自治性仍然是有限的，毕竟行政首长由政府任命说明"行政事业一体化"的本质没有发生根本性的改变（朱光明，2006）。由于事业单位的资产和经费主要来自政府，非经政府批准不能举债（方流芳，2007），因此，使其无法以自己的名义发生负债，也会影响其自治性，甚至不完全符合机构单位的定义规定。按照非营利性的诠释，非营利机构的创建者、资助者将自动放弃所投入资产的所有权，或者转化为非营利机构的资产，也同时具有发生负债的权利；而无论该资产源自国有还是私有，对民办非企业单位要求的，对事业单位也应如此处理。

（二）私人性

事业单位显然满足私人性，但需注意可能产生的一些误解。例如，方流芳（2007）指出，为应付中央政府的"精简机构"政策而将新设的政府机构改为"事业单位"，包括 20 世纪 90 年代之后增设的行业监督与准入许可单位，如此可从统计角度掩盖"机构膨胀"。然而，SNA 认为，政府创建非营利机构的一个主要目的就是让其代行部分政府职能，尤其偏重于行业监督、标准制定和准入许可等方面，若出现职能滥

---

① SNA2008 在探讨"政府控制的公司"时指出，"具有决定公司总体政策的能力，并不必然意味着直接控制公司的日常活动或运营，在正常情况下，是由公司的官员来管理这些事务的，而且管理方式是与公司总体目标相一致并且支持总体目标的。决定公司总体政策的能力也并不必然意味着直接控制公司在专业、技术或科研等方面的一切决定，即使这些方面一般被看作是公司的核心竞争力"（联合国等，2008，第 4.79 段）。

用而政府最终能够收回，则这些单位仍然是非营利机构。还需指出的是，现行核算制度无法避免"机构膨胀"，因为 CSNA2002 和 CSNA2016 均将非营利性事业单位划归了政府部门。此外，朱光明（2004）认为，将事业单位改制为非营利机构，只能满足非营利性而不具备私人性；由于事业单位代政府提供公共服务，资产与经费均来自政府，改制过程中唯有经营管理体制发生了变化。但这种理解同样不够准确，因为私人性仅指非营利机构不是政府行政、司法和立法机构，也无政府的绝对权力，与资产和经费是否来自政府无关，而代替政府提供公共服务反映了行政机构与事业单位之间的合约关系。

（三）非营利性

尽管事业单位被定义为非营利社会服务组织，但实践中并非所有的事业单位均为非营利机构。方流芳（2007）认为，有两类事业单位等同于营利性企业：一是类似于投资公司的事业单位，即事业单位办"公司"①，如事业单位同时又是一个"控股公司"，或是上市公司的发起人和大股东。根据通常的理解，非营利机构可以购买公司股票而获得红利或股息，但不得分配且不能发行股票，否则与营利性企业无异。二是额外收费的事业单位，例如，将本应无偿提供的服务变成收费服务，比较典型的例子包括医院收取药品"回扣"以及高校出售"灌水学位"等。上述行为的共同之处在于通过事业单位获取盈余，并对盈余进行分配，或许盈余分配仅涉及事业单位内的部分人员，将事业单位转化为内部人员攫取私人利益的工具，无疑会影响其非营利性。正因如此，CSNA2002 特别关注事业单位的非营利性，例如，在事业单位之前加注"非营利"这一前缀（见表3-4）。

至于事业单位的改革，虽然存在多种设想，但主流是"分类改革"。究其原因可知，介于行政机关与企业之间的事业单位，具有较大的异质性，并在改革进程中不断分化，例如，一些本质上属于企业却被归入事业编制的机构单位，应该重新登记为企业，而另一些事业单位却逐渐趋

---

① 属于营利行为，也为相关法规所禁止，例如，《国家工商行政管理总局关于事业单位能否设立不具备企业法人资格的经营机构问题的答复》（工商企字〔2001〕第 164 号）中指出："依据《事业单位登记管理暂行条例》（国务院令第 252 号）和现行企业登记管理有关规定，事业单位自身不得从事经营活动，事业单位依法举办的营利性经济组织，必须实行独立核算。因此，事业单位不得设立不具备企业法人资格、非独立核算的营利性经营机构"。

近于非营利机构，故应有针对性地实施改革。由此可知，"分类改革"与 SNA 的"分类核算"本质上有相通之处，说明中国事业单位核算的首要问题也是分类，即在剔除营利性事业单位之后，同样划分为市场与非市场事业单位，而后归属相应的机构部门。

朱光明（2004）将事业单位大致分为行政执行、社会公益和生产经营三种类型，意味着应将履行政府职能的事业单位划归政府，行使市场职能的事业单位归入企业，追求社会公益目标的事业单位转化为非营利机构。

1. 行政执行类事业单位

行政执行类事业单位包括从事监督、监理和资格认定的事业单位，再加上政策研究和信息统计机构等。上述单位或代行政府职能，或直接为政府服务，其运作经费来自财政拨款，领导人由国家直接任命。如果将行政执行类事业单位改制为行政机构则由于单位性质的转化而与非营利机构核算无关，但该类事业单位很接近政府控制的非市场非营利机构。

2. 社会公益类事业单位

社会公益类事业单位涉及科教文卫等领域的事业单位，其改革原则是"政事分开"，例如，不进行直接干预以增强其自治性，由以往资助机构为主转为支持项目为主，鼓励开展创收活动。这一设想与 2011 年 3 月出台的《中共中央国务院关于分类推进事业单位改革的指导意见》基本一致，即根据服务对象和资源配置方式将社会公益类事业单位分为两类，类似于 SNA 按"服务对象"和"收入来源"的分类做法。其中，公益一类承担不能或不宜由市场配置资源的基础性公益服务，公益二类提供高等教育、医疗保健等可部分由市场配置资源的公益服务。公益一类属于典型的非市场非营利机构，若被政府控制则划归政府部门，反之则归属 NPISH 部门；公益二类事实上转化为市场非营利机构，应该归入企业部门。

3. 生产经营类事业单位

该类事业单位通过生产经营能够弥补成本获取利润，其收入来源比较稳定，无须政府资助，故应核销其事业编制而实行企业化管理。因此，生产经营类事业单位在改制之前属于市场非营利机构，改制之后转化为营利性企业，包括除基础研究之外的科学研究、职业培训、社会中介、一般性艺术表演、新闻出版和广播电视等。应该注意的是，行业协会的主要收入源于会员的会费或缴款，SNA 将其定性为销售收入而非转移收入，因而行业协会属于市场非营利机构，无论其是否改制，也无论其组织性质是事业单位还是社会组织。

二、社会组织

2007 年，中国将"民间组织"改称为"社会组织"，并将其区分为社会团体、基金会和民办非企业单位三个类别。

（一）社会团体和基金会

依据《社会团体登记管理条例（2016）》，社会团体是"中国公民自愿组成，为实现会员共同意愿，按照其章程开展活动的非营利性社会组织"，包括学术性社团、行业性社团、联合性社团和专业性社团四种社团类型。《基金会管理条例（2004）》指出，基金会是"利用自然人、法人或其他组织捐赠的财产，以从事公益事业为目的，按照本条例的规定成立的非营利性法人"，并可进一步区分为公募基金会和非公募基金会两种类型。

相对而言，"社会组织"这一术语更强调机构单位的私人性。也有学者（如俞可平，2006）质疑社会团体的志愿性，例如，许多行业协会并非是公民自愿组成的，而是政府出于精简机构的需要而设立的[①]。尽管如此，但若企业加入行业协会、缴纳会费是志愿的，则仍保有相当程度的志愿性，只是不太吻合社会团体的定义。此外，社会组织没有包括宗教活动场所，因此，俞可平（2006）认为，社会组织还具有"非宗教性"。

无论是《社会团体登记管理条例》《民办非企业单位登记管理暂行条例》还是《基金会管理条例》均明确指出，中国政府对社会组织的管理模式是"分级登记、双重管理"（见表 3-2）。相对而言，"分级登记"对社会组织自治性的影响要小一些，针对的是所有社会组织，但为社会组织获得合法身份设置了较高的门槛，限制其发展并使之规模偏小；如果无法在民政部门注册，那么一些社会组织转至工商部门注册，

[①] 相当部分的行业协会原本是政府机构，例如，原国家经贸委所属的机械局、煤炭局、化工局、冶金局和国内贸易局等，这些机构改建为行业协会之后，又被政府赋予对特定行业实施"指导和管理"的权限（郑国安等，2002，第 48 页）。

使之转化为企业；如果不进行注册，那么成为"未登记"的社会组织。如果"转登记"和"未登记"的社会组织仍然符合非营利机构的特征规定，那么应该核算以避免遗漏，只是数据收集的工作量和难度会显著增加。

表3-2 **"分级登记、双重管理"的内容**

管理模式	内容
分级登记	审查与批准，包括登记、年检、变更和撤销等法定程序；拟定管理方针、政策、规章并监督实施；研究并提出发展规划、会费标准和财务管理办法；查处违法行为和非法组织
双重管理	批准和任命主要领导成员；审批重大活动；监督日常工作；业务指导；财务审计

资料来源：俞可平. 中国公民社会：概念、分类与制度环境［J］. 中国社会科学, 2006 (1).

"双重管理"形成政府控制，只不过"批准"和"任命"暗示了不同的控制程度。俞可平（2006）根据行政化程度的高低将社会团体分为三类：高度行政化的社团（如工会、共青团和妇联）、相当行政化的社团（如工商联、消费者协会等各种行业管理协会）和基本上民间化的学术性社团（如学会、研究会等），三者之间的差异主要表现在领导人产生方式、行政级别、编制和行政管理职能等方面。尽管工会、共青团和妇联都是社会团体，但主要代行政府职能，并由中央机构编制管理部门直接确定其机构编制和领导职数，类似于"参公事业单位"；至于学术性社团，其主要领导大多自行产生，一般不享受行政级别，具有更高程度的自治性。

总体来看，各类社会团体在自治性方面略有差异。在税收待遇和公益事业支出方面，基金会及其捐赠人和受益人均可享受税收优惠，且基金会每年的公益事业支出与上一年总收入（或基金余额）的比值均有严格规定，例如，公募基金会每年的比值不得低于70%（上年总收入），非公募基金会的比值不得低于8%（上年基金余额），工作人员的薪酬和办公支出须控制在当年总支出的10%以内。由此可见，基金会的非营利约束更加严格，不仅针对盈余而且还包括雇员报酬等经常支出；若基金会被注销，其剩余资产应按照章程规定用于公益目的，或由登记管理机关组织捐赠给同类社会公益组织。

（二）民办非企业单位

从字面上来看，"民办"意味着"非政府"[①]，"非企业"等同于"非营利"，是"企业事业单位、社会团体和其他社会力量以及公民个人，利用非国有资产举办的从事非营利性社会服务活动的社会组织"，包括各类民办院校、医疗机构、文艺团体、科研单位、体育场馆、职业培训机构、福利院和人才交流中心等。与非营利事业单位相比，民办非企业单位的初始资产非国有（赵立波，2008），但并未排斥后续可能出现的政府资助。

依据邓国胜课题组的调查[②]，若包括志愿者，2002年中国平均每个民办非企业单位提供的就业机会折算为全日制等值相当于18.7人，吸纳就业207.6万人，占服务业就业的0.98%，占公共部门就业的19.7%，远远超过了社会团体提供的就业机会（76.3万人）。此外，平均每个民办非企业单位的年支出额为48.2万元，接近社会团体的两倍；支出总额约为535亿元，比社会团体多出205亿元，说明民办非企业单位是一支不可忽视的经济力量，在非营利机构核算中占有重要的地位。

与事业单位和社会团体相比，民办非企业单位在结构运作方面也呈现不同的特点，即较强的自治性和较弱的非营利性。

1. 自治性

邓国胜（2006）认为，非营利机构的自主性是指人事权、财权的独立和活动的自主权三个方面，并以组织发起人、领导人产生方式、财务来源、与政府关系等指标来综合衡量。对照《手册》定义可知，自主性就是自治性。

由表3-3可知，58.9%的民办非企业单位领导人由主要出资者决定，说明大多数民办非企业单位掌握了人事自主权；若主要收入源自市场销售而非政府资助，则自治程度更高，例如，2002年民办非企业单位的收费收入占总收入的95.7%，政府资助与私人捐赠的总和尚不足5%。至于

[①] 赵立波（2008）根据浦东新区2004年民办非企业单位举办者分类统计的结果指出，真正民营的民办非企业单位还不到30%。但在卫星账户中，"民办"的本质含义是"并非政府的组成部分"，至于由谁出资并不重要。

[②] 2003年，邓国胜课题组在全国范围内对社团和民办非企业单位进行了一次多阶段整群抽样调查，包括辽宁、广东、山西、江西、甘肃和云南六省，共发放民办非企业单位调查问卷3954份，其中，有效问卷1733份，回收率为43.8%。

与业务主管单位的关系，有 84.2% 的民办非企业单位独立运作或相对独立，只有 14.5% 的单位完全从属于业务主管。即便从法律法规的角度来看，民办非企业单位的自治程度也要高于事业单位和社会团体，例如，《中华人民共和国民办教育促进法》第 20 条规定："民办学校的理事会或董事会由举办者或其代表、校长、教职工代表等人员组成"，理事长、理事或董事长、董事名单仅需报审批机关备案，并且能够自行解散。

表 3-3　民办非企业单位的自主性调查（2002 年）

指标	选项	所占比例（%）
领导人产生方式	主要出资者决定	58.9
	业务主管单位指派或任命	8.7
财务来源	收费	95.7
	公共部门支持与慈善捐赠	<5
与业务主管的关系	独立运作，不受业务主管单位干预	35.6
	相对独立，义务承担主管单位委托的部分职能并受其领导	48.6
	完全从属于业务主管单位	14.5
	其他	1.3

资料来源：邓国胜．中国民办非企业单位的特质与价值分析［J］．中国软科学，2006（9）．

2. 非营利性

现行法律法规特别关注民办非企业单位的非营利性，例如，《民办非企业单位登记管理暂行条例》（1998）第 4 条规定："不得从事营利性经营活动"；《民间非营利组织会计制度》（2005）进一步指出："资源提供者向该组织投入资源并不得以取得经济回报为目的，资源提供者不享有该组织的所有权"。尽管法律法规将民办非企业单位定性为非营利机构，但其非营利性始终是学者的关注热点。

赵立波（2009）对"不得从事营利性经营活动"这一规定的可操作性提出了质疑，因为无法区分哪些收费活动是营利性的，《民办非企业单位登记管理暂行条例》也未给出相应的解释。从结构运作定义来看，是否收费以及收费水平高低并不是"非营利性"的判断标准，也无法从产业角度进行判别，因为从理论上来看，非营利机构可以出现于任何产业，既可生产市场产出也可提供非市场产出，例如，邓国胜（2006）的调查表明，2002 年有 24.9%的民办非企业单位免费或以无经济意义的价格提供服务（如民工医院、打工妹技能培训学校等），37.5%的单位以显著经济意义的价格提供服务（如贵族学校等），24.3%的单位所提供的市场与非市场产出大致相同。即便有 37.5%的民办非企业单位提供的是市场产出，也不能因此而否定其非营利性，只要它们未分配盈余，也就是说，判断机构单位的"非营利性"不是从生产而是由分配入手的。

在 2003 年的调查中，赵立波（2009）发现，有 51.9%的民办非企业单位参与不收费的公益活动，其中，20.7%的单位可从中获取相应报酬，14.8%的单位可得到一些报酬；13%的单位认为参加公益活动能够促进收费业务；65.1%的单位认为有一些刺激作用，只有 21.9%的单位认为没有关联，说明民办非企业单位参与公益活动与促进收费业务之间存在着较高的相关性。在"经济回报"方面的 30 份问卷中，认为"可以奖励""可以适当奖励""不可以"分别为 4 份、21 份和 5 份，前两个选项的占比高达 70%。在"出资者是否享有所有权"的调查中，2003 年有 73.8%的民办非企业单位认为产权归出资者所有，2006 年升至 74.3%[①]。原因分析显示，民办非企业单位的资本形成及其增值表现为"出资基本靠个人财产、运作基本靠个人及单位努力"（赵立波，2008），未如其他社会组织享受税收优惠、政府资助和民间捐赠[②]，与营利性企业差别不大，故其产权也应归属出资者。尽管如此，上述观点和看法也是片面的，一旦将资产投入非营利领域，则出资者自动丧失资产的所有权，也包括随后的资产增值，而且并非所有的非营利机构均能享受税收优惠。

即便大多数民办非企业单位倾向于"经济回报"，也不能就此否定其非营利属性，而一些法律法规的规定却使人们对民办非企业单位的"非营利性"持怀疑态度，尤其是民办学校与独立学院。观察可知，无论是《中华人民共和国民办教育促进法》还是《独立学院设置与管理办法》均未提及民办学校和独立学院的非营利性，仅仅含糊地指出，民办教育属

---

① 邓国胜（2006）的调查也显示了相似的结论：认为产权属于出资者的民办非企业单位占 67.6%，产权归合伙人所有的占 9.8%，产权归本单位所有的占 16.4%，产权归社会所有的仅占 2.3%。

② 赵立波（2008）对青岛的调研表明：2003 年 71.8%的民办非企业单位缴过多种税，只有 10%的民办非企业单位获得了政府非资金性资助，极少数民办非企业单位得到了政府财政拨款和资助，个人、团体或社会组织有捐赠或资助意向的只占民办非企业单位的 16.7%。北京的一项调研也显示：80%的民办非企业单位的发展主要靠自筹资金、少量的社会捐助和很低的服务收费。

于公益事业。然而，民办学校按照《民办非企业单位登记管理暂行条例》在民政部门登记注册，《中华人民共和国民办教育促进法》第三十五条也指出："民办学校对举办者投入民办学校的资产、国有资产、受赠的财产以及办学积累，享有法人财产权"，意味着出资者自动放弃了资产的所有权以及后续盈余的索取权，也因此可以享受国家规定的税收优惠（第四十六条）和县级以上政府的资助与支持（第四十五条）；如果政府委托民办学校筹办义务教育，还应依照协议支付教育经费（第四十九条）。问题是民办学校在扣除办学成本、预留发展基金等支出之后的办学结余，可向出资人提供合理回报（第五十一条）。显然，"办学结余"就是"营业盈余"，无论这一回报数额的确定合理与否，均与"非营利性"相悖。类似地，《独立学院设置与管理办法》第四十三条同样暗示了独立学院是营利性企业而不是非营利机构（石邦宏、王孙禹，2009）。为什么部分民办非企业单位的非营利性如此之弱？学者认为，主要包括两个方面的原因：

（1）政策因素。一些民办非企业单位的创建并非出于非营利目的，但某些政策因素却使之不得不为之，例如，《教育法》（1995）第25条规定任何组织和个人均不得举办营利性教育机构，致使整个教育领域非营利化，再加上一些出资者出于经济利益的考虑，导致民办非企业单位的非营利性较弱（赵立波，2009）。值得一提的是，《中华人民共和国民办教育促进法》和《独立学院设置与管理办法》实际上是对《教育法》（1995）的修改，尽管没有明确说明，但暗示了教育领域也允许营利性经营，或者默许非营利学校与营利性学校并存。

（2）产权制度。从登记注册和单位定性方面来看，一方面，民办非企业单位是非营利机构；另一方面，却允许出资者获取"合理回报"，混淆了"捐资办学"与"投资办学"的界限（朱浩，2009），默认了出资者拥有资产的所有权。虽然能够获取"合理回报"的民办非企业单位仅限于民办学校和独立学院，但由于民办教育占据了相当的份额，因而产生了较大的影响。

如何处理部分民办非企业单位的营利性？赵立波（2009）从鼓励民办非企业单位的发展入手，认为应将"原则性"与"现实性"结合起来，以"政府奖励"替代"合理回报"，如此既确保民办非企业单位的非营利性，又间接满足出资者对回报和产权的要求。也有一些学者持不同看法，例如，石邦宏、王孙禹（2009）认为，以"合理回报"替代"盈余分配"的初衷是刺激教育事业的发展，但目前中国民办教育已经达到了一定的规模，仍然采取这一措施势必影响中国非营利教育事业的正常运作。必须注意的是，即便"政府奖励"也是通过产权确定的，即以出资人的产权价值决定奖励数额，本质上仍然是分配盈余，而非营利机构的底线是非营利性，故应将那些获取"合理回报"的民办学校和独立学院排除在卫星账户之外。

三、宗教团体

依照《宗教事务条例》（2004）的规定，宗教活动场所是"依法登记的寺院、宫观、清真寺、教堂（简称为寺观教堂）和其他固定宗教活动处所"。该条例第六条规定："宗教团体的成立、变更和注销，应当依照《社会团体登记管理条例》的规定办理登记"；在2004年，财政部发布的《民间非营利组织会计制度》一书中也将寺观教堂纳入了制度范畴。此外，2010年执行的《宗教活动场所财务监督管理办法（试行）》第十五条规定："宗教活动场所的所有收入要按照《中华人民共和国会计法》和《民间非营利组织会计制度》的有关规定及时入账，纳入本场所的财务管理"，其"清算后的剩余财产应当用于与本场所宗旨相符的事业"。由此可知，尽管《宗教活动场所登记办法》（1994）和《宗教事务条例》（2004）等规章制度没有详细说明宗教活动场所的属性，但实际上将其定性为非营利机构，即为宗教成员服务的"社会团体"。

四、中国非营利部门的范围

综合来看，中国非营利部门包括事业单位、社会组织和宗教活动场所三种单位类型，及符合非营利机构特征规定的"转登记"和"未登记"的机构单位。除了民办非企业单位具有较高程度的自治性以外，事业单位和社会组织大多被政府控制，若严格遵循结构运作定义，则大多数事业单位和社会组织将被排除在非营利部门之外。

尽管结构运作定义包括五项标准，但依据重要程度排序依次为非营利性、私人性、自治性、志愿性和组织性，例如，一些研究将非营利机构简略定义为"非企业非政府"的机构单位。一般来说，只要是机构单位则自然吻合组织性；中国非营利机构的志愿性正日趋增强，单位组织大多出于活动发起和管理方面的考虑，并不意味着活动的强制实施。私

人性表明非营利机构不是政府单位，虽然事业单位、社会团体和行业协会等单位类型在 CSNA2002 中均归入政府部门，但并非立法、司法和行政机构；一些非营利机构（如宗教活动场所）归入政府部门也是一种无奈的划分，因为 CSNA2002 没有设置 NPISH 部门，宗教活动场所不是企业单位而不能归入非金融企业和金融机构部门，也无法归属住户部门，只能暂置于政府部门，但具备私人性。故从理论上分析可知，真正"阻碍"事业单位、社会团体等单位类型进入卫星账户的主要因素是自治性。

可将自治性视作私人性的延伸，例如，私人性强调"非政府"，自治性主要意指不受政府控制。但《手册》中的自治性与 SNA 中心框架的"分类核算"存在一些矛盾之处，如《手册》认为，若不具备自治性则不可能成为非营利机构（联合国，2003，第 2.18 段），而 SNA 的"分类核算"却包括了被政府控制的非营利机构，也就是说从 SNA 的角度来看，即便被政府控制也不影响其非营利机构的属性。SNA2008 进一步指出："非营利机构可能被政府控制，由政府任命该机构的官员，决定其经营目标。此时应将它作为一个独立于政府的机构单位来处理，因为它可以独立控制自身的预算（尽管全部或大部分的资金来自于政府），但它应该包括在一般政府机构部门内"（联合国等，2008，第 23.5 段）。因此，中国非营利机构卫星账户可参考 SNA2008 的处理，适当放松自治性的约束，例如，将国务院直属的 17 个事业单位和中央机构编制管理部门直接管理的 21 个群众团体视作非营利机构并纳入政府部门，以避免严重的低估，因为政府控制的非营利机构的规模一般较大，例如，高等院校、医院和研究机构等，并且政府控制的主要目的在于维持这些单位的运作规范，以实现其非营利宗旨。

也可在卫星账户的创建初期采取较为宽松的 SNA 定义，随着中国非营利机构的特征增强之后转而采纳结构运作定义，既可维持一个一定规模的非营利部门又可确保核算结果的稳定（李海东，2014）。不过，如此处理的本质仍然是适当放松自治性，以避免由于核算因素的变化而导致非营利部门数据的剧烈波动。此外，《手册》在谈及结构运作定义的运用时强调："这种定义必须是完全中性的，足以适应不同国家背景下与非营利机构类型的机构相联系的一套法律制度、资助形式和目的类别"（联合国，2003，第 2.10 段），意味着不仅要考虑结构运作定义在一国各个历史时期的适应性，也应关注在不同国家间的兼容性。例如，《手册》赞同

ICNPO 的灵活使用，例如，将非营利协会、互助协会与合作社纳入ICNPO 之中，即由结构运作定义的非营利部门转化为"社会经济"概念的非营利部门（联合国，2003，第 3.18 段），以适应法国、比利时等西欧国家的经济现实，尽管互助协会与合作社多多少少有一些营利性倾向。又如学者普遍认为，中国民间组织具有政府主导和"官民二重性"的显著特征，但较强的政府控制也是为了促进非营利机构等民间组织的发展壮大（万江红、张翠娥，2004）。一些学者甚至认为，不应急于摆脱政府控制，而应尽可能地利用政府的资源优势来发展自己。基于以上考虑，在确定中国非营利部门的范围时应采纳 SNA2008 的做法，不宜过分看重自治性，或说应适当放宽这一约束。

即便出于核算之需而适当放松自治性，但仍应严格遵守非营利性，这是不可逾越的底线。因此，营利性事业单位和那些获取"合理回报"的民办非企业单位均不得纳入卫星账户。除此之外，非营利性也是判别一些边缘组织归属的关键要点。例如，合作社具有较强的志愿性和自治性，却按交易比例向成员返还盈余，因而不属于非营利机构。也有一些追求会员经济利益或相互支持的互助协会、自助团体却满足非营利性，例如，辽宁省沈阳市铁西区水源社区互助协会的章程规定："本会由社区居民代表社区干部自愿组成，以援助不幸、拯救弱势、助学助残为主题的社会公益性、非营利性民间组织"。[①] 因此，边缘组织是否属于非营利机构尚需观察其经营宗旨和实际运作。

第二节　中国非营利机构的机构部门分类

一、CSNA2002 的非营利机构部门分类

由表 3-4 可知，CSNA2002 中唯一带有"非营利"标识的机构类型是分配在政府部门的非营利性事业单位。从中国的组织机构类型来看（见表 3-1），机构单位可以分为企业、机关、事业单位、社会组织和其他组织机构五种类型。依据国民核算体系的机构部门分类原理，可做如

---

① 东北新闻网：http://shequ.nen.com.cn/10869/115929/201077/1278486588520.shtml。

下推测：企业单位依据产出类型可归属非金融企业或金融机构部门；营利性事业单位等同于企业，经由工商注册的非营利机构由于企业身份也应归入企业部门，即便符合结构运作的定义规定。至于余下的机构单位只能划归政府部门，因为 CSNA2002 没有设置 NPISH 部门，依照机构属性也不能分至住户部门，实际上没有选择。

表 3-4　CSNA2002 的机构部门设置

机构部门	定义及构成
非金融企业	主要从事市场货物生产和提供非金融市场服务的常住企业，包括从事上述活动的各类法人企业
金融机构[①]	主要从事金融媒介以及与金融媒介密切相关的辅助金融活动的常住单位，包括中央银行、商业银行和政策性银行、非银行信贷机构和保险公司等
政府	在我国境内通过政治程序建立的、在一特定区域内对其他机构单位拥有立法、司法和行政权的法律实体及其附属单位。主要包括各种行政单位和非营利性事业单位
住户	共享同一生活设施、部分或全部收入和财产集中使用、共同消费住房、食品和其他消费品与服务的常住个人或个人群体

资料来源：中华人民共和国国家统计局 . 中国国民经济核算体系（2002）［M］. 北京：中国统计出版社，2003：5.

　　相对而言，国家统计局国民经济核算司（1996）对中国政府部门的范围界定得更为详细，例如，《中国国民经济循环账户实施指南》指出，政府部门主要由全民所有制事业单位、全民所有制机关单位和全民以外的其他所有制非营利机构组成，其中，全民所有制机关单位包括社会团体和经济管理单位，全民以外的其他所有制非营利机构包括各种协会、学会与宗教活动场所等（国家统计局国民经济核算司，1996，第 65 页）。
　　对比可知，CSNA2002 进一步区分了营利性和非营利性事业单位，并将营利性事业单位排除在外，其他机构单位仍保留在政府部门[②]，包括理

---

①　在 CSNA 中，可将非金融企业和金融机构部门统称为企业部门；在 SNA 中，可将非金融公司和金融公司部门统称为公司部门。
②　王君立（2003）指出，事业单位只要非企业化管理以及行政事业单位附属的不具备法人资格的企业均归入政府部门。

应归属 NPISH 部门的非营利机构[①]。而 CSNA2002 的分类方式主要考虑了事业单位和社会组织被政府控制或资助的现实。许宪春（1995）指出，中国 NPISH "大都不具有 SNA 所讲的单独作为一个机构部门的特征"，是哪些方面不具备？观察 SNA 单独构建一个机构部门的前提可知，机构部门划分取决于经济目的、功能和行为方式等（联合国等，2008，第4.16段），而 NPISH 与其他部门相比在这些方面均存在显著的不同，则不足以作为一个单独机构部门的原因就只能是政府控制了。也有学者（王君立，2003）认为，NPISH 在我国属于事业单位，尽管采取非企业化管理，但很难将其与其他非市场非营利机构区分开来，故此未单列。

与 SNA1993 的机构部门分类相比，CSNA2002 没有考虑非营利机构的市场与非市场属性。如果将非营利事业单位、社会组织和全民以外的其他所有制非营利机构均划归政府部门，实际上将它们视作政府控制的非市场非营利机构，问题是上述机构单位是否均为非市场非营利机构尚未进行验证。即使同为事业单位，也可区分为全额拨款、差额拨款和自主事业单位三种类型，并不一定全部属于非市场非营利机构，而直接将非营利事业单位归入政府部门显然是一种简单武断的处理方式，正如 SNA2008 强调指出的："对于政府单位拥有的生产者单位，区分市场 NPI 和非市场 NPI 是很重要的，因为这关系到把 NPI 归属到哪一个经济部门"（联合国等，2008，第4.87段）。

由于 CSNA2002 将大部分非营利机构划归政府部门，因而形成了一个规模庞大且构成复杂的混合部门，并对中国国民核算产生了一定的影响。具体来看，主要包括以下两个方面。

（一）政策实施的测度

科学合理的非营利机构核算不仅要描述非营利机构的经济运行，还应准确揭示政策与规划的实施结果。自20世纪90年代以来，中国政府机构改革的一项重要任务就是由政府管理转向行业协会管理，使社会团体大量增加，例如，始于1993年的政府机构改革导致两年内全国每年新增

[①] 值得一提的是，类似的情况不仅出现在中国，例如，在 SNA1968 的实施中，各国在 NPISH 部门的构成方面存在一些差异，与核算规定并不完全相同，如英国和法国将一些政府主要资助的教育类非营利机构（如大学等）和一些医疗类市场非营利机构划归 NPISH 部门（Helmut K. Anheier、Gabriel Rudney 和 Lester M. Salamon，1994）。

加社会团体大约 3 万个（吴忠泽，1999）。那么，中国国民核算体系能否反映机构改革对行业协会类非营利机构的影响？从机构部门设置来看，由于行业协会属于社会团体而被划归政府部门，故通过政府部门账户能够显示行业协会的数量、产出和增加值等流量与存量的变动。也正因为大多数非营利机构被划归政府部门，因而仅通过政府部门账户即可获取非营利机构的大部分信息。但是，通过 CSNA2002 却无法测度政府部门精简机构的效果（李海东，2014）。例如，在 1998 年的中国政府机构改革中，从行政部门精简下来的机关工作人员大多转入事业单位（郑国安等，2002）。由于 CSNA2002 的政府部门账户同时包括了行政机关和事业单位，事实上可以区分为两个子部门，而"行政子部门"的规模下降必将引致"事业子部门"的规模上升，故从总体上来看，政府部门的规模并未精简。反之，如果按 SNA1993 的规定将非营利机构分列政府、企业和 NPISH 部门，则政府部门精简机构的效果就能够较好地体现出来。

（二）核算质量的评价

1. 生产总量核算

CSNA2002 没有区分市场与非市场非营利机构[①]，致使市场非营利机构进入政府部门，以 SNA1993 为参照无疑夸大了政府部门的生产总量。一些没有设置 NPISH 部门的国家，大多将其归入住户部门，也会产生类似的结果，但程度不同，因为 NPISH 部门的规模较小[②]，无论归入住户部门还是政府部门都不会产生很大的影响；而中国的事业单位不仅单位数而且经济规模均仅次于企业，所产生的影响在很大程度上远超 NPISH 部门。此外，将市场非营利机构划归政府部门实际上将其定性为政府控制的非市场非营利机构，本应按销售收入测算产出而实际上却转化为投入替代，进而影响收入分配、收入使用和积累核算的质量。

2. 收入分配核算

与行政机关不同，非营利机构经常接受金钱与时间的赠与，故将非

---

① CSNA2002 将非金融企业定义为"主要从事市场货物生产和提供非金融市场服务的常住企业"，特别强调归入该部门的机构单位属于市场生产者，但令人遗憾的是没有考虑市场非营利机构。

② Helmut K. Anheier 和 Lester M. Salamon（1998）在《非营利机构和 SNA1993》一文中，利用经验数据论证了 SNA1993 的 NPISH 部门在规模上只相当于总体非营利部门的 1/8～1/3，占法国、德国、意大利、日本、瑞典和美国国内生产总值的 0.24%～4%（1990）。

营利机构尤其是 NPISH 纳入政府部门必将导致转移收入和储蓄的上升。还需要指出的是，"由于 CSNA2002 没有建立 NPISH 部门而将其并入政府部门，致使实物社会转移全部转化为政府部门的支出"（李海东，2014），无法体现其部门份额，即有多少实物社会转移来自政府，多少源自NPISH，实际上将住户获取的实物社会转移全部处理为政府提供，高估了政府的作用，而忽略了非营利机构的贡献。

3. 资产负债核算

相对 SNA1993 的机构部门分类，如果将市场非营利机构和 NPISH 归入政府部门，还将高估政府部门的资产负债。也可以认为，将事业单位划归政府部门，由于事业单位的资产属于国有资产，与机关单位的资产合并可以很方便地计算国有资产。但是，民办非企业单位的资产并非国有资产，因此这一推测并不正确。

更重要的是，将本应归属其他部门的非营利机构并入政府部门，与SNA1993 的"分类核算"相悖，使 CSNA2002 无法进行企业部门内的纯市场生产者与市场非营利机构的对比，也影响政府部门内机关单位与非市场非营利机构的比较，并将原本发生在部门之间的流量转化为政府部门的内部流量，例如，政府对非营利机构的资助和支持。总体来看，中国非营利机构核算从属于政府部门核算，意味着应该对 CSNA2002 进行改进，起点就是按照 SNA1993 的"分类核算"思想对中国非营利机构进行重新归类。

二、CSNA2016 的非营利机构部门分类

自 SNA2008 颁布实施以来，中国国家统计局对 CSNA2002 进行了修订，其中的一个重要内容就是非营利机构核算，包括部门设置（见表 3-5）及随后的核算处理两个方面。

表 3-5　CSNA2016 的机构部门设置

机构部门	定义及构成
非金融企业	主要从事市场性货物生产、提供非金融市场性服务的常住企业，包括农业企业、工业企业、建筑业企业、批发零售业企业、交通运输业企业等各类非金融法人企业

机构部门	定义及构成
金融机构	主要从事金融媒介以及与金融媒介密切相关的辅助金融活动的常住机构单位，包括从事货币金融服务、资本市场服务、保险服务、其他金融服务等活动的法人单位
广义政府	在设定区域内对其他机构单位拥有立法、司法或行政权的法律实体及其附属单位，主要包括各级党政机关、群众团体、事业单位、基层群众自治组织等
NPISH	从事非市场性生产、为住户提供服务、其资金主要来源于会员会费和社会捐赠且不受政府控制的非营利机构，例如，宗教组织，各种社交、文化、娱乐和体育俱乐部，以及公众、企业、政府机构、非常住单位等以现金或实物提供资助的慈善、救济和援助组织等
住户	共享同一生活设施，共同使用部分或全部收入和财产，共同消费住房、食品和其他消费品与服务的常住个人或个人群体

资料来源：中华人民共和国国家统计局. 中国国民经济核算体系（2016）［M］. 北京：中国统计出版社，2017：14-15.

（一）部门设置

设置了 NPISH 部门，从政府控制和收入来源两个方面给出了 NPISH 的定义，并将其职能界定为非市场生产和收入再分配，与 SNA2008 的处理完全一致。此外，CSNA2016 列举了一些 NPISH，实际上将该部门区分为两个子部门：

1. 为成员服务的 NPISH

其包括社交、文化、娱乐和体育俱乐部以及宗教组织。

2. 慈善救济组织

特别指明了非常住单位建立的慈善救济类 NPISH，因此又可将该部门进一步划分为本国控制和国外控制的 NPISH。

（二）核算处理

在部门分类的基础上，CSNA2016 较为全面地阐述了 NPISH 部门的核算处理。该部门从事非市场生产，其产出免费或以无经济意义的价格提供给其他机构单位或全社会，按生产成本（经常性支出+固定资产折旧）估算产出（国家统计局，2016，第 19 页）。在收入使用核算中，认为消费主体包括居民、政府和 NPISH（国家统计局，第 16 页），增加了 NPISH 部门的实物社会转移、调整后可支配收入和实际最终消费流量

（国家统计局，第 23 页），完善了非营利机构的生产和再分配核算。

与 CSNA2002 相比，CSNA2016 的非营利机构核算与 SNA2008 更接近，但在机构部门的构成方面也存在一些不同。

1. NPISH 部门

对照 SNA2008 的 NPISH 部门设置，CSNA2016 没有明确工会、消费者协会、专业或学术团体的归属，由于受政府控制而将其归入了广义政府部门。在子部门安排中，CSNA2016 没有创建提供公共服务的 NPISH，或许是因为该类非营利机构的份额不大，影响力较小。但在 NPISH 的收入使用核算中，指出其消费支出包括"……个人消费性货物与服务支出及可能的公共消费性服务支出，例如，为住户提供的医疗卫生、教育、文化娱乐、体育等货物与服务"（国家统计局，第 22 页），其实际最终消费是指其向全社会提供的公共服务价值（国家统计局，第 23 页），因而实际上包括了提供公共服务的 NPISH。

在单列 NPISH 部门之后，随之建立了该部门的生产、初次分配、再分配、收入使用、积累和资产负债核算（国家统计局，第 19、33、34、86、91 页）。但在支出项目分类中，CSNA2016 指出，居民消费支出依据《居民消费支出分类》，政府消费支出按照支出的经济性质分类，却未指定 NPISH 的支出分类体系（国家统计局，第 16 页）。依据 SNA 的惯例，应该选择 COPNI 作为 NPISH 的支出分类，不应以政府支出分类替代之，毕竟两个部门在功能方面还是存在一定的差异。

2. 广义政府部门

广义政府即为一般政府（General Government）。该部门包括了非营利机构，例如，群众团体和事业单位，是被政府控制的非营利机构。在定义解释中，也体现了该类非营利机构的特征，例如，通过"……其他方式获得的资金向社会和公众提供货物与服务；通过转移支付，对社会收入和财产进行再分配；从事非市场性生产"（国家统计局，第 9 页）。与 CSNA2002 相比，CSNA2016 去除了事业单位的前缀"非营利性"，因为按定义事业单位本身就是非营利性的社会服务组织，而营利性的"事业单位"是企业，故无必要添加这一前缀。至于群众团体，包括人民团体和社会团体，实际上就是社会组织。

然而，CSNA2016 没有给出被政府控制的非营利机构的定义，也没

有对广义政府部门进行子部门划分。但是，CSNA2016 在附录三［"中国国民经济核算体系（2016）的主要变化"］中指出，CSNA2002 之所以没有引入非营利机构单位类型，是因为"在当时，多数非营利机构为政府管理的事业单位"，由于近一段时期以来，不受政府控制同时又从事非市场生产的非营利机构发展很快，因而决定单独构建 NPISH 部门（国家统计局，第 120 页）。由此可知，CSNA2016 承认了事业单位的非营利机构身份。

3. 企业部门

从某种角度看，狭义的政府部门仅指党政机关和基层群众自治组织，而广义政府部门则包括了非营利机构。然而，企业部门仅仅包括非金融企业或金融机构而未涉及非营利机构，NPISH 部门只包括为住户服务的非市场非营利机构，而 CSNA2016 所声称的"机构部门由同类机构单位组成"（国家统计局，第 9 页）特别针对的就是企业和 NPISH 部门。CSNA2016 没有在企业部门设立非营利机构，意味着没有区分市场和非市场非营利机构，进而将 NPISH 之外的其他非营利机构全部归入广义政府部门，实际上认为，非营利机构都是非市场性的，例如，定义广义政府部门"从事非市场性生产"。但是，如果对表 3-5 的 NPISH 部门定义进行反向推断，却可得出另外四项特征：一是从事非市场性生产—从事市场性生产；二是为住户提供服务—为企业提供服务；三是资金主要来源于会员会费和社会捐赠—资金主要来源于市场销售；四是不受政府控制—受政府控制。不考虑第四项特征，将前三项特征组合起来，描述的就是 SNA2008 中的为企业服务的市场非营利机构；如果维持第二项特征（为住户提供服务）不变，那么又可导出为住户服务的市场非营利机构。以上反推说明，由 CSNA2016 的机构部门分类入手完全可以导出市场非营利机构，或说客观存在这一类机构单位，从部门分类来看，应该归入企业部门才合理。

还可做如下推断：即便非市场非营利机构也可从事市场生产，更何况将 NPISH 之外的非营利机构不加区分地归入政府部门，与 SNA2008 的分类规则相悖。更重要的是，将非营利机构排除在企业部门之外，致使 CSNA2016 实施的是有限的非营利机构"分类核算"。或许可以认为，CS-NA2016 将非营利机构分别归入广义政府和 NPISH 部门，相当于将其区分为政府控制的非营利机构和未被政府控制的非营利机构，更多地考虑了中国的国情。然而，依据 SNA2008 的分类规则，非营利机构的部门归属首先取决于市场和非市场属性，并不是政府控制。与 SNA1993 类似，CS-NA2016 的机构部门分类也会使非国民核算专家或学者认为 NPISH 部门就是中国的非营利部门。

三、中国卫星账户的非营利机构部门分类

编制中国非营利机构卫星账户的首要问题是明确非营利机构单位的定义，从国际比较的角度来看，应与 SNA2008 的定义（联合国等，2008，第 4.83 段）保持一致。在此基础上，遵循 SNA2008 的机构部门分类规则进行非营利机构分类。当然，也可将非营利机构甄别出来之后直接综合以形成非营利部门，但出于"分类核算"的需要以及 SNA2008 中心框架与非营利机构卫星账户衔接方面的考虑，仍应由 SNA2008 之非营利机构分类入手确立非营利机构核算的起点。

（一）SNA2008 的非营利机构分类

在 SNA2008 中，非营利机构的部门分类流程如下：首先，将非营利机构区分为市场和非市场非营利机构，同时将市场非营利机构划归公司部门，例如，生产货物与非金融服务的市场非营利机构归入非金融公司部门，提供金融服务的市场非营利机构纳入金融公司部门；其次，将政府控制的非市场非营利机构并入政府部门，其余非市场非营利机构形成 NPISH 部门（联合国等，2008，第 73 页图 4.1）。由此可知，SNA2008 在非营利机构分类时依据市场和非市场属性、政府控制与活动种类三个标准①，而市场非营利机构的判定方式大致有以下两种。

---

① 在绝大多数情况下，分类标志在排序上表现为市场或非市场属性在前，政府控制在后，但也有一点例外，即为企业服务的市场非营利机构的部门划分。SNA1993 认为，如果为企业服务的市场非营利机构被政府控制与主要资助，则转化为非市场非营利机构而划归政府部门（联合国等，1993，第 4.59 段）；而 SNA2008 指出，如果为企业服务的市场非营利机构服务于政府所控制的企业时，那么处理为非市场非营利机构而归入政府部门（联合国等，2008，第 4.89 段）。由此可知，SNA1993 与 SNA2008 在为企业服务的市场非营利机构的部门分类细则方面发生了一些变化：前者是政府控制与主要资助，针对的是非营利机构；后者的政府控制针对的是非营利机构的服务对象。也就是说，是否属于非市场非营利机构一要符合非分配约束、二看收入来源，包括定期缴款、政府资助和财产收入。但对于定期缴款而言，尚需注意协会成员——企业的特点，如果协会成员被政府控制，而协会又为成员服务，则最终可理解为协会被政府控制，进而转化为非市场非营利机构。相对 SNA1993 而言，SNA2008 在为企业服务的市场非营利机构分类时关注服务对象，尽管"政府控制"起到了主要作用，但不那么直接。

1. 销售角度

如果销售价格对生产者愿意提供的量和消费者希望购买的量有显著的影响，那么从长期来看，生产者能够对供给进行调整以获取盈利或弥补成本，消费者可基于价格变动自由决定是否购买（联合国等，2008，第22.28段），该生产者就属于市场生产者，通常以显著经济意义的价格销售其全部或大部分产出。若从统计角度来看，"价格变化能够在显著程度上影响供给和需求的变动"或可理解为价格变化解释了供需变动的64%以上，然而许多机构单位往往不只生产一种产出，对每一类产出均实施类似测算的工作量相当大，并且测算工作还需持续进行。因此，"如果销售收入弥补了生产者大部分的成本，且消费者可基于索要的价格自由做出购买与否和购买数量的选择，上述条件通常意味着价格有显著的经济意义"（联合国等，2008，第22.29段）。量化上述条件即得到所谓的"50%准则"：

$$\frac{销售收入}{持续多年的平均生产成本} > 50\% \rightarrow 市场非营利机构$$

按照"50%准则"，市场与非市场非营利机构的判别就变得简单多了：如果市场销售收入弥补了50%以上的平均生产成本，那么属于市场非营利机构，反之为非市场非营利机构。

接下来的问题就是销售收入与生产成本的正确测度。SNA2008指出，销售收入不包括产品税和补贴，不包括从政府部门得到的所有支付（除非所有非营利机构都得到了这一支付），也不涉及自产自用的虚拟销售收入（联合国等，2003，第22.34~22.35段）。显然，产品税净额是政府的收入，并未用于生产单位的成本弥补，也说明"50%准则"针对的是基本价格；政府对非营利机构的资助和支持可用于成本补偿，但并非所有的非营利机构都能够得到政府支持，或在支持力度上存在差异，因此，也未纳入测度范围，意味着所测算的是非营利机构自身弥补成本的能力；至于自产自用所形成的销售收入本身即为虚拟流量，自然不可能用于成本弥补。因此，上述收入或不为非营利机构所有，或出于所有单位测算公平性的考虑而未纳入测度范围。由销售收入的界定也可推断市场非营利机构的成本包括中间消耗、雇员报酬、固定资本消耗和其他生产税，代表了非营利机构的生产要素投入；必须注意的是，其他生产税是对土地、固定资产或劳动力等生产要素所征收的税（联合国等，2008，第7.97段），不同于产品税而应归入成本。此外，市场生产者的生产成本还应包括资本回报，但生产补贴不做扣减，因为生产补贴属于其他生产税净额的组成部分。

但是，"持续多年"的时间规定不够明确，完全有可能出现：某一非营利机构在前五年属于市场非营利机构，在后五年归为非市场非营利机构，在整个十年期间总的来看却为市场非营利机构等，其性质转化取决于多种影响因素，例如，政府资助份额的变化、市场需求的变动和经营方式的转化等。因而更为精确的测度时间应该以"年"为标准，毕竟市场和非市场属性关系到每一非营利机构产出核算的方法选择。例如，中国公立医院在2008~2012年，平均医疗收入占平均医疗业务成本的50%以上（见表3-6），属于市场非营利机构。不过，囿于资料不全，这一测算也存在一些不足：

（1）《中国卫生统计年鉴（2013）》仅仅罗列了2008~2012年公立医院的平均医疗收入和平均医疗业务成本，之前的年鉴缺失这方面的资料，因而无法测度其他年份中国公立医院的市场和非市场属性；由于公立医院是中国医疗机构的主体，故可推测中国非营利医疗机构从总体上看属于市场非营利机构。

（2）应针对每一非营利医疗机构进行测算，逐一判断其属性之后再进行综合。在核算实践中，也有学者从产业入手进行测度，例如，分别测算初等、中等和高等教育机构的属性，再进行综合以判明整个教育系统的市场或非市场归属，并由此观察这一属性在不同层级间的变化。然而，这种测度方式不符合SNA2008的判别规则，仅在缺乏每个机构单位的细节资料时替代使用，也只能对一类产业的非营利总体做出近似判别。[1]

尽管存在一些问题，但至少说明了在2008~2012年中国公立医院应该划归非金融企业部门，意味着CSNA2016将事业单位全部归口政府部门是不够合理的。

---

[1] 例如：Helmut K. Anheier and Lester M. Salamon（1998）。

表 3-6 2008~2012 年中国公立医院的收入与成本

年份	平均医疗收入（万元）	平均医疗业务成本（万元）	医疗收入/医疗业务成本（%）
2008	4273.5	4417.3	96.74
2009	5267.4	5370.1	98.09
2010	6440.1	6536.5	98.53
2011	7878.8	8072.3	97.60
2012	9795.7	8408.2	116.50

资料来源：《中国卫生统计年鉴（2013）》表 4-4-1 "公立医院收入与支出"。

2. 补充标准

由于对每一非营利机构进行逐年测算以判定其市场或非市场属性的核算工作量较大，故 SNA2008 又提出了若干补充判断标准：若无政府控制，可直接将私人生产者视作市场生产者；如果没有政府财政支持或政府担保，也可能属于市场非营利机构，因为必须按成本收费，而补偿生产成本的主要来源是市场销售收入；反之，如果非营利机构的主要收入来自定期缴款（如会员会费）、转移、捐款、财产收入或国外资助等，则有很大的可能是非市场非营利机构（联合国等，2008，第 4.90 段）。

正是基于上述标准，无论 SNA1993 还是 SNA2008 均认为，市场非营利机构包括大部分教育、医疗等为住户服务的非营利机构和同业公会、行业协会、雇主组织等为企业服务的非营利机构，而将成员类、慈善类和提供公共服务的非营利机构视作非市场非营利机构。相对而言，教育和医疗机构的分类相当复杂，可以非营利式经营也可以营利式经营，非营利式经营又涉及市场与非市场两种形式。医疗机构主要向住户提供有偿与无偿医疗服务，教育机构所提供的服务包括义务教育、高中教育、高等教育、职业教育和成人教育等，涉及纯公共产品、准公共产品和私人物品（朱光明，2004）。尽管医疗和教育类非营利机构不以利润最大化为目标，但其生产经营是需要成本投入的，即便免税也需弥补生产成本（马春波，2001），由于按成本收费而使其价格具有显著的经济意义。至于企业会员向为企业服务的市场非营利机构所缴纳的会费，被视作销售收入而非转移收入，也不同于 NPISH 部门的会员类组织。

（二）中国非营利机构的重新分类

1. 非金融企业与金融机构部门

结合 SNA2008 的分类规则，中国卫星账户的非金融企业与金融机构部门应包括以下类型的市场非营利机构。

（1）事业单位。营利性事业单位[①]作为纯市场生产者应归入企业部门；自收自支的事业单位由于没有政府财政拨款而只能依靠市场销售和社会捐赠，政府不予拨款的主要原因也在于此类非营利机构能够经由市场获得收入，且市场销售收入一般远大于社会捐赠，因而也属于市场非营利机构。至于差额拨款的事业单位，其雇员报酬由国家财政支付，其他费用自筹；尽管有一定数量的经常性收入，但不足以抵补生产成本，其差额需国家预算拨款弥补。因此，如果差额拨款类事业单位的市场销售收入超过其成本的50%以上，也应归属企业部门。

实践中应特别关注事业单位的重新分类：有个别兼具公益性和经营性双重特征的事业单位依然享受全额拨款的待遇[②]；而在差额拨款的事业单位中，一些单位的经营性收入完全可以弥补成本（郑国安等，2002，第50页）。从核算角度来看，无论是全额拨款还是差额拨款的事业单位，在部门分类时仍需借助"50%准则"，即便是全额拨款的事业单位，如果其市场销售收入占成本的一半以上，仍需处理为市场非营利机构。

事业单位通常活跃于教育、科技、文化和卫生等领域。一般来说，科技类事业单位属于为企业服务的非营利机构，其他事业单位大多是为住户服务的非营利机构。因此，归入企业部门的市场性事业单位，或是为住户服务的市场非营利机构（如教育和医疗），或是为企业服务的市场非营利机构（如科技类），与SNA2008的分类方式保持一致。必须强调的是，将市场性事业单位划归企业部门具有特别重要的意义，因为在SNA2008中按市场与非市场属性进行分类居于第一层次；即便受政府控制，只要是市场非营利机构就不得归入政府部门。

在事业单位的改制进程中还会遇到附属组织的核算问题。例如，当原来的政府部门改建为国营公司，其下属的事业单位随即转化为企业中的事业组织；许多国营企业大多拥有下属的教育、医疗和科研机构等，

---

① 尽管CSNA2016已不再使用"非营利性事业单位"这一术语，但由于事业单位正处于分化转变之中，仍然存在一些营利性的事业单位。考虑到事业单位的机构部门分类，本书仍然维持CSNA2002的惯例。

② 现实中，绝大多数全额拨款的事业单位没有市场经营功能，例如，图书馆、文化馆、党校、档案馆、文化中心、森防管理、动物疫病控制中心、中小学校、园林处、公园、绿化站、环卫处、疾控中心和防治站等。

所承担的社会功能与其他事业单位完全相同。当这些事业组织的主管部门转制为企业之后，政府面临的抉择包括是否仍将其视作事业单位，是否继续提供必要的资源支持（郑国安等，2002，第48页）。在卫星账户中，如果这些事业组织符合结构运作的定义规定，仍应处理为非营利机构，即便其主管单位为企业。事实上，《手册》提及了类似的问题，针对的是政府控制的非营利机构，例如，国教附属的教育医疗机构（联合国，2003，第2.21段）。①类似地，在计划经济体制下，企业经常向雇员甚至普通民众提供保健、教育和娱乐服务，实际上是政府控制的企业实施政府政策的结果（联合国等，1993，第19.31段）。由于企业没有消费功能，因而建议将该类企业分解为两个机构单位，其中，生产市场性货物与服务的部分处理为金融或非金融公司，向雇员提供社会服务的部分看作为 NPISH（联合国等，1993，第19.34段）。参照这一原理，对附属于企业的事业组织可做相同处理。

（2）民办非企业单位。尽管民办非企业单位具有一定程度上的社会公益性，也可享受一些税收优惠，但无论政府资助还是社会捐赠一般均低于全额拨款、差额拨款的事业单位以及社会组织，因而在服务提供时可以收取合理的费用，这对于民办非企业单位的生存和发展是非常必要的。例如，为了弥补国家教育力量的不足而鼓励民间办学，同时允许民办学校按规定收取一定的费用甚至盈利，需将盈余投入教育事业中去。由此可知，民办非企业单位类似于自收自支的事业单位，差异之处仅在于民办非企业单位是利用非国有资产举办的。因此，排除那些获取"合理回报"的民办教育机构，其余的民办非企业单位均为市场非营利机构，应划归企业部门。由于民办非企业单位主要分布于医疗、教育、体育、劳动、文化、科技、民政、社会中介服务和法律服务等领域，其服务对象主要为住户，因此，大多属于为住户服务的市场非营利机构。

（3）行业协会。为企业服务的市场非营利机构主要包括商会、同业公会、雇主组织、研究或测试实验室等（联合国等，2008，第4.89段），

---

① 至于附属于行政机关的事业单位，也可参照国教的处理方式：如果附属事业单位能够以自己的名义进行经济决策、承担经济责任，则可将其归入非营利部门；反之，应处理为控制单位的一部分。正如 SNA2008 所指出的："该实体是否是机构单位？若否，但其是常住的，则作为其控制单位的一部分，如果不是机构单位，且是非常住的，则作为其常住经济体中的准公司"（联合国等，2008，第22.37段）。

其主体为行业协会，也就是中国的行业性社团。一般来说，行业协会主要在政府和企业之间以及生产者与经营者之间发挥桥梁与纽带作用，提供咨询、沟通、监督、公正、自律和协调等服务。在中国，行业协会是社团法人，其收入主要来自会员会费。按照 SNA2008 的观点，会员会费被视作提供服务的支付，即支付与得到是等价的，因此，行业协会属于市场非营利机构。至于联合性社团，由相同或不同领域的法人组织（个人）自愿组合而成，目的在于对内联合与协调，对外维护会员的利益和诉求。因此，联合性社团与行业性社团相差无几，可参照行业协会处理。此外，科技类事业单位（如研究或测试实验室等）也属于为企业服务的市场非营利机构。

按照 SNA2008 的分类规则，中国非金融企业部门有两种子部门分类方式：一是建立"非营利机构"（NPI）和"营利机构"（FPIs）两个子部门（见表 3-7）；二是依据控制权将非金融企业部门区分为公营非金融企业、本国私营非金融企业和国外控制的非金融企业三个子部门，再按同样的分类标志将生产货物和非金融服务的市场非营利机构细分为公营非金融 NPI、本国私营非金融 NPI 和国外控制的非金融 NPI，同时并入三个对应的子部门（联合国等，2008，第 4.96~4.97 段）。例如，如果某一非营利事业单位是市场生产者，向住户提供教育服务且被政府控制，则属于公营非金融 NPI 而归入公营非金融企业子部门。至于金融机构，可以参照 SNA2008 金融公司部门的方式处理。

表 3-7　中国非营利机构卫星账户中的企业部门

营利机构（FPIs）子部门	非营利机构（NPI）子部门
公司、非公司制企业法人、企业分支机构、个人独资企业、合伙企业、其他企业	（1）为住户服务的市场非营利机构：非营利事业单位、民办非企业单位 （2）为工商业服务的市场非营利机构：民办非企业单位、行业协会、非营利事业单位

2. 广义政府部门

在中国，广义政府部门包括国家机构和政府机构，例如，全国人民代表大会、中华人民共和国主席、国务院、中华人民共和国中央军事委员会、最高人民法院、最高人民检察院、地方各级人民代表大会和地方各级人民政府、民族自治地方的自治机关等。从理论上来看，政党应归

属 NPISH 部门的成员类非市场非营利机构，因为政党是为满足成员的利益而创建的，其资金来源于定期缴纳的会费或缴款（联合国等，2008，第 4.167 段）。但 SNA2008 同时指出，一党制国家中的政党由于政府通过提供必要的资金而实施控制，因此划归政府部门，包括被政府控制的各民主党派，实际上作为政府单位处理。

一类是事业单位与划归政府部门的非营利机构定义非常相似，例如，国务院直属的 17 个事业单位，根据国务院的授权行使一定的行政职能，同时提供公益服务。其中，新华通讯社是国家通讯社，提供新闻服务，也是法定新闻监管机构，与中央银行所起的作用类似；又如国务院发展研究中心，主要研究具有全局性、综合性、战略性和长期性的经济与社会发展问题，以向政府提供政策建议和咨询意见。其他如中国气象局主要承担全国气象工作的行政管理职能，负责气象工作的组织管理；中国证监会主要负责对证券市场的监督管理等。由于国务院直属的 17 个事业单位的领导人由国务院直接任命，因此，属于政府控制的非市场非营利机构而划归政府部门。除此之外，全额拨款的事业单位也应同样处理。

表 3-8　部分群众团体的组织结构与收入来源

群众团体	组织结构	收入来源
中华全国总工会	受同级共产党委员会和上级工会的双重领导，以前者为主	①会员会费；②单位按每月全部职工工资总额的 2% 向工会拨缴的经费；③工会所属单位上缴的收入；④政府补助；⑤其他收入
中国共产主义青年团中央委员会	受同级党组织和上级团组织的领导	①团费；②青少年事业专项经费；③团属经济实体收益；④社会资助；⑤其他合法收入
中华全国妇女联合会	在中国共产党领导下的社会群众团体，是党和政府联系妇女群众的桥梁和纽带	①政府拨款；②经营收入；③捐赠；④其他收入
中国文学艺术界联合会	中国共产党领导的人民团体，是党和政府联系文艺界的桥梁和纽带	①财政拨款；②会费；③社会赞助；④其他合法收入
中国法学会	中国共产党领导的人民团体，是党和政府联系法学工作者、法律工作者的桥梁和纽带	①财政拨款；②会费；③社会赞助；④其他收入

群众团体	组织结构	收入来源
中国人民对外友好协会	受政府领导的，以人民团体的名义，从事民间外交工作的机构	①社会捐助；②活动收入；③政府资助
中国全国新闻工作者协会	中国共产党领导的全国性人民团体，是党和政府同新闻界密切联系的桥梁和纽带	①会费收入；②国家资助；③事业和企业收入；④捐赠和其他收入

  另一类非营利机构是中央机构编制管理部门直接管理的 21 个群众团体（见表 3-8）。[①] 中央机构编制管理部门决定这些群众团体所履行的主要职责、编制定额和领导成员职数，授权它们行使部分政府职能，是参照公务员法管理的社会团体，属于政府控制的非市场非营利机构。从"服务对象"准则来看，这 21 个群众团体更类似于 NPISH，例如，中华全国总工会、中华全国妇女联合会等群众团体服务于部分住户，中国文学艺术界联合会、中国法学会等群众团体是为成员服务的非营利机构（见表 3-8），与第一类 NPISH 非常相似；宋庆龄基金会是出于慈善目的建立的非营利机构，类似于第二类 NPISH。但上述群众团体均受政府控制，因此归入广义政府部门（见表 3-9）。

表 3-9 中国非营利机构卫星账户中的广义政府部门

政府子部门	非营利机构子部门
中国共产党、国家权力机关法人、国家行政机关法人、国家司法机关法人、政协组织、民主党派、人民解放军和武警部队、其他机关	政府控制的非市场事业单位、政府控制的非市场群众团体

资料来源：中国中央政府门户网站，http：//www.gov.cn/test/2005-08/11/content_27116.htm。

  与企业部门类似，广义政府子部门的划分也有两种方式（联合国等，2008，第 4.129~4.133 段）。两种子部门分类没有显著的差异，因为非营

---

  ① 除表 3-8 所列示的群众团体之外，还包括中华全国台湾同胞联谊会、中国国际贸易促进委员会、中国残疾人联合会 、中国红十字总会、中国人民外交学会、宋庆龄基金会、黄埔军校同学会、欧美同学会、中国思想政治工作研究会、中华职业教育社和中华全国工商业联合会。

利机构均被配置在中央政府、省级政府和地方政府三个子部门之中。如果从信息提供的详尽程度来看，最好采纳第二种分类，即在中央政府、省级政府和地方政府三个子部门中分别单列非营利机构和社会保障基金，有利于测算政府部门提供的实物社会转移，可进一步区分哪些实物社会转移是非营利机构提供的，哪些是社会保障基金提供的。

3. NPISH 部门

根据 SNA2008 的机构部门分类设置，纳入 NPISH 部门的机构单位可分为两类。

（1）为成员服务的 NPISH。包括专业或学术团体、政党、工会、消费者协会、教会或宗教团体及社会、文化、娱乐和体育等方面的俱乐部（联合国等，2008，第 4.167 段）。结合中国实际，在确定中国成员类 NPISH 时应特别关注以下三类机构单位。

其一，学术性社团与专业性社团。学术性社团主要由专家、学者和科研工作者自愿组成，其主要作用包括促进学科发展，培养人才，使科学技术与经济社会发展相结合，维护专家学者的合法权益等。专业性社团主要由单位和个人会员志愿组成，一般围绕非经济领域开展活动。从性质上来看，两类社团非常接近，但也存在一些区别，例如，学术性社团偏重理论研究，专业性社团重视实践应用，针对的是工程师、医师、律师和建筑师等专业人才。总体来看，两类社团均为成员提供服务，无论是住户成员还是单位成员，如果不受政府控制，理应纳入 NPISH 部门。

其二，工会和消费者协会。正如前述，中华全国总工会是政府控制的非市场非营利机构。至于消费者协会，按照《消费者协会章程》（第三届理事会通过）第 17 条的规定："本会会长、副会长、秘书长由业务主管单位提名，按照章程规定的程序进行选举；副秘书长由业务主管单位提名，按照章程规定的程序决定任免"，其运作经费包括政府资助、社会捐赠、活动收入和其他收入（第 23 条）。因此，中国消费者协会也属于政府控制的非市场非营利机构，被排除在 NPISH 部门之外。

SNA2008 在谈及 NPISH 部门的构成时指出，各国 NPISH 在服务提供上存在着差异，例如，有些国家认为，某些 NPISH 所从事的活动并非政府的分内之事，也有可能 NPISH 替代了政府，例如，本应由政府提供的服务，却因为政府缺乏资金而由 NPISH 替代提供（联合国等，2008，第 23.40 段）。观察可知，SNA2008 认为，工会和消费者协会所提供的服务本应是成员类 NPISH 的职责，但在中国却转化为政府的分内之事，由此导致 CSNA2016 与 SNA2008 在 NPISH 部门的构成差异。

其三，宗教团体。根据《中华人民共和国宗教管理条例（最新版）》（以下简称《管理条例》）第 6 条的规定，宗教团体应当依照《社会团体登记管理条例》的规定办理登记。因此，我国宗教团体的定位等同于社会团体，是为宗教成员服务的组织而归入第一类 NPISH。

在宗教教职人员的认定方面，不同宗教之间略有差异。例如，按《管理条例》的规定，天主教的主教由其全国性团体报国务院宗教事务部门备案即可，但藏传佛教活佛传承继位需报人民政府批准（第二十七条）。至于宗教教职人员担任或离任教职，仅须本宗教团体同意然后报县级以上人民政府宗教事务部门备案即可（第二十八条）。

宗教团体的收入主要来自三个方面：一是接受公民的捐献，但不得强迫或摊派（第二十条），因而具有志愿性；二是经销宗教用品、艺术品和出版物等（第二十一条），相当于市场销售收入；三是在宗教活动场举行商业活动，例如，开设商业网点、举办展览活动、拍摄影视片等（第二十五条）。无论何种收益均应纳入财务，用于与该宗教团体相关的非营利目的（第三十四条）。宗教团体的收入包括政府拨款，"对于宗教机构而言，即使其资金主要来源于政府单位，但只要这种多数资金地位并不意味着政府的控制权，则仍可将其处理为 NPISH"（联合国等，2008，第 4.167 段）。

（2）慈善类 NPISH。包括各类慈善、救济或援助机构。例如，基金会是对国内外组织和个人的志愿捐赠进行管理的非营利机构。按照基金会管理办法，其领导人员不得由现职政府工作人员担任，故与事业单位相比，政府控制程度更低。从本质上来看，基金会的建立和运作并非出于成员利益，而是服务于有需要的住户人群，其资金来源于社会公众、公司或政府的实物与现金捐赠，属于非市场非营利机构，故应归属第二类 NPISH。

第三节　中国非营利机构的其他分类

万江红、张翠娥（2004）认为，中国社会组织存在"官方划分"与"学者划分"两种分类方式，其中，"官方划分"将社会组织区分为社会团体、民办非企业单位和基金会三种类型，但对非营利部门来说这种分

类过于简略，遗漏了一些非营利机构类型，包括事业单位和宗教团体，仅考虑了隶属于民政系统的非营利机构。反之，"学者划分"的种类繁多，分类也更加详细（见表3-10）。

表3-10　中国社会组织的"学者划分"

分类依据	类别
服务对象	互益性社会组织、公益性社会组织
是否会员制	会员制社会组织、非会员制社会组织
经费来源	自给自足型社会组织、部分收费型社会组织和无偿投资型社会组织
活动宗旨	具有切身利益的社会组织、具有社会福利性质的社会组织、具有共同志愿的社会组织
活动范围	地方性社会组织、全国性社会组织和国际性社会组织
组织结构	松散型社会组织、紧密型社会组织、金字塔型社会组织、网络型社会组织
与政府关系的紧密程度	官方社会组织、民间社会组织
主体加功能	产业部门、社会服务与社会福利、公共事务、信息与技术服务、卫生、体育、教育、文化艺术、新闻出版、科学技术、人文社会科学、环境能源、特殊性质企业行业组织、职业组织、地区组织、个人联谊、其他组织

资料来源：万江红，张翠娥. 近十年我国民间组织研究综述［J］. 江汉论坛，2004（8）.

对比可知，"学者划分"与SNA2008的非营利机构分类有许多相似之处。例如，依据服务对象划分社会组织与SNA2008的"服务对象"准则如出一辙，但SNA2008将非营利机构进一步细分为"为住户服务""为企业服务"和实质上"为公众服务"的政府控制的非市场非营利机构，其分类更全面。至于会员制社会组织，对应为企业服务的市场非营利机构和第一类NPISH，非会员制社会组织类似于其他类型的非营利机构。如果以经费来源分类社会组织，相当于按"收入来源"准则将非营利机构划分为市场与非市场非营利机构；而依据与政府关系的紧密程度实施的分类，似可理解为将非营利机构区分为政府控制的非营利机构和政府未控制的非营利机构，或者非常接近。由此可知，SNA2008的非营利机构分类与中国学者的社会组织划分具有高度的相关性，充分说明SNA2008的非营利机构分类能够满足多种需求而拥有较好的延展性。

显然，各种分类方式服务于不同的研究和管理目的。例如，中国事业单位分类包括行业分类法、所有制分类法和经费分类法，分别用于机构编制、登记注册和政府财政预算等（李强，2012）。行业分类着重反映非营利机构在各个产业领域的分布态势，如按主体和功能对全国性社会团体的分类（见表3-10）和事业单位的行业分类等，但相对《非营利组织国际分类》（ICNPO）而言都存在一定的差异（见表3-11）。事业单位的行业分类（以下简称行业分类）共分为24类，一些类别的组合与ICNPO的组保持对应，例如，"文化、体育、广播影视、新闻出版和信息咨询（部分）"对应ICNPO的"文化和艺术（第1组）"，"教育、科学研究"与ICNPO的"教育和研究（第2组）"保持一致。一些类别的一部分对应ICNPO的组，例如，"农林牧水"事业单位中的农业自然保护单位和林业自然保护单位对应ICNPO的"环境（第5组）"，"经济监督"事业单位中的律师事务所对应ICNPO的"法律、倡议和政治（第7组）"；也存在某一类别与ICNPO的多个组保持对应关系，例如，"其他事业单位"分别对应ICNPO的"慈善中介和志愿促进（第8组）""国际（第9组）"与"商业和专业协会、工会（第11组）"，"机关后勤服务"事业单位中的房产维护、培训机构和文印通信对应ICNPO的"发展与住房（第6组）""教育和研究（第2组）"与"文化和艺术（第1组）"。但令人遗憾的是，一些行业分类没有对应，包括"勘察设计""勘探""农林牧水（部分）""交通""气象""地震""测绘""信息咨询（部分）""标准计量、技术监督、质量检测""知识产权""物资仓储、供销"，这些类别只能与ICNPO的"未另行分类（第12组）"保持对应，形成一个规模较大的混合组。

表3-11 非营利组织国际分类（ICNPO）与事业单位行业分类的对比

ICNPO	事业单位行业分类
1. 文化和艺术	文化、体育、广播影视、新闻出版、信息咨询（部分）、机关后勤服务（部分）
2. 教育和研究	教育、科学研究、机关后勤服务（部分）
3. 卫生保健	卫生
4. 社会服务	社会福利
5. 环境	环境保护、农林牧水（部分）
6. 发展和住房	房地产服务、城市公用事业；机关后勤服务（部分）
7. 法律、倡议和政治	经济监督（部分）

续表

ICNPO	事业单位行业分类
8. 慈善中介和志愿促进	其他事业（部分）
9. 国际	其他事业（部分）
10. 宗教	
11. 商业和专业协会、工会	其他事业（部分）
12. 未另行分类	勘察设计；勘探；农林牧水；交通；气象；地震；测绘；信息咨询（部分）；标准计量、技术监督、质量检测；知识产权；物资仓储、供销

除此之外，ICNPO 的"宗教（第 10 组）"没有与之对应的事业类别，"法律、倡议和政治（第 7 组）""慈善中介和志愿促进（第 8 组）""国际（第 9 组）""商业和专业协会、工会（第 11 组）"所对应的事业单位较少，究其原因在于事业单位行业分类没有考虑宗教团体和社会组织。类似地，由于社团行业分类仅针对社会团体，因而运用于非营利机构也不够全面。例如，"主体加功能"的社团行业分类没有设置"发展和住房""法律、倡议和政治""慈善中介和志愿促进""宗教"与"国际"等类别，遗漏了非营利机构出现频率较高的产业领域。[①] 还需注意的是，一些类别在细节设计方面也存在一些差异，例如，ICNPO 的"环境"包括环境（5100）和动物保护（5200）两个分类，而社团行业分类却是环境和能源。至于社团行业分类的"公共事务"，一般来说包括"政治性公共事务"和"社会性公共事务"，前者依赖于国家强制力，例如，军事、外交、司法和公共秩序的维护等，后者涉及教育、科技、公共交通和医药卫生等，实践中更有可能成为非营利机构的活动领域。进一步观察可知，"公共事务"涉及诸多不同服务的提供，是一个混合类，并未达到组内同质的分组要求。

尽管事业单位和社会组织的行业分类考虑到了中国实际，但从国际比较的角度看，与 ICNPO 存在一定的差异而影响可比性。还需注意的是，

---

① 王名（2002）的研究表明，非营利机构在中国出现的领域包括文学艺术、体育健身、教育、医疗、调查研究、社会服务、防灾救灾、扶贫、环境保护、动物保护、社区发展、物业管理、就业服务、政策咨询、法律咨询与服务、基金会、国际交流、国际援助、宗教团体、行业协会等领域（王名，2002，第 44 页）。由此可见，社团行业分类在描述中国非营利机构的分布时不够全面。

现行中国非营利机构分类包括了产业分类和收入分类（如全额拨款、差额拨款等），但支出分类不成体系，即便是财政部的《支出功能分类科目》也仅适用于归入政府部门的非营利机构。基于此，建议中国非营利机构卫星账户将事业单位、社会组织和宗教团体组合起来，在行业分类方面统一采用ICNPO，在功能分类方面引入《按目的划分的生产者支出分类》（COPP）、《政府职能分类》（COFOG）和《为住户服务的非营利机构目的分类》（COPNI），与《手册》推荐分类保持一致。

第四章
中国非营利机构卫星账户
——短表

明确中国非营利机构的定义和分类之后，就可实施卫星账户核算。由于这一过程是渐进的，故可将其区分为三个阶段，分别编制中国非营利机构卫星账户的短表（NPI Satellite Account Short Form）、长表（NPI Satellite Account Full Elaboration）和扩展部分（NPI Satellite Account Extended）。本章探讨短表的编制，同时研究中国非营利机构核算尚需完善的部分，包括实物社会转移、调整后可支配收入和实际最终消费核算。

第一节　短表的编制

一、联合国非营利机构卫星账户的结构

从结构上来看，卫星账户可分为四个部分（见表4-1），即非营利部门账户、机构部门账户、扩展账户和关键维度。

表4-1　非营利机构卫星账户的框架结构

构成	账户	分类	表格数
第一部分	非营利部门账户（表Ⅰ~Ⅱ）	ICNPO	6
第二部分	机构部门账户（表Ⅲ~Ⅳ）	机构部门分类、ISIC、COFOG、COICOP、COPNI	8
第三部分	扩展账户（表Ⅴ）	ICNPO、国际标准职业分类（ISCO）、年龄	4
第四部分	关键维度（表Ⅵ）	ICNPO	1

第四章

第一部分是显示非营利部门的经济运行和关键特征。包括两套表格，表Ⅰ主要由非营利部门经常账户、积累账户和存量账户组成，表Ⅱ在表Ⅰ的基础上描述非营利部门的关键特征，即非营利部门在 ICNPO 领域的支出、收入、转移支付、就业以及积累和存量状况。

第二部分是 SNA 的机构部门综合账户，反映各机构部门的经济运行与生产、就业和消费特征。包括两套表格，表Ⅲ将非金融公司、金融公司、政府和住户部门划分为"公司（政府、住户）"和"非营利机构"两个子部门，通过综合得到"总体非营利部门"，涉及经常账户、积累账户和存量账户；表Ⅳ.1~3 的主词按 ISIC 对非营利机构进行分类，宾词同表Ⅲ的机构部门分类，系统展示每个机构部门中的"公司（政府、住户）""非营利机构"子部门以及"总体非营利部门"在各 ISIC 产业领域的产出、增加值和就业；表Ⅳ.4a 将政府部门区分为"政府"和"非营利机构"两个子部门，描述政府单位和政府控制的非市场非营利机构在各个 COFOG 领域的支出状况，表Ⅳ.4b 分别按 COICOP、COFOG、COPNI 对住户、政府和 NPISH 的消费支出进行分类，以导出住户部门的实际最终消费。此外，SNA 将非营利机构分别归入公司、政府和 NPISH 部门，而《手册》考虑了各国的实际情况和不同处理，将住户部门也区分为"住户"和"非营利机构"两个子部门，这些非营利机构没有法律地位，完全依赖志愿者，在欧洲核算体系（ESA）中被划归住户部门（联合国，2003，第 2.8 段），故可称为"住户部门非营利机构"。

第三部分是卫星账户的扩展核算，通过 ICNPO 对非营利机构进行分类，按职业（ISCO）、年龄和性别对志愿者进行复合分类，以描述非营利部门的实体和成员、付酬就业与志愿者、赠与、产出及能力等多项特征。

第四部分是反映非营利部门的关键维度，即按 ICNPO 分类非营利部门，展示非营利部门的收入、支出和结构①。该部分是对前五套表格的凝练，是为非 SNA 专家学者特别设计的表格。

综合来看，卫星账户以 SNA 账户体系为基础，对非营利机构核算进行增补，以完善非营利部门的特征描述，揭示其经济贡献和重要作用。这一补充主要包括两个方面。

---

① 《手册》中文版将该表的宾词译为"核心货币变量：收入"和"结构变量"（联合国，2003，中文版，第 127~132 页），原文为"核心价值变量：收入（第 1~8 列）""核心价值变量：支出（第 9~18 列）"和"结构变量（第 19~25 列）"（联合国，2003，英文版，第 129~131 页）。

（一）细化

卫星账户的第一部分以非营利部门为核算对象，在描述部门经济运行的基础上，对支出、收入、转移支付、就业以及积累和存量进行细化，例如，将 SNA 账户涉及非营利机构的各类收入分离出来，重新组合以显示非营利部门的收入分量和总量（表Ⅱ.2）；将非营利机构的各类支出（除转移支出）集中起来，进而获取非营利部门的支出分量和总量（表Ⅱ.1），这种对流量和存量的分离与重新处理可归类为"变量细化"，也进一步出现在表Ⅵ之中。卫星账户的第二部分以非营利机构子部门为研究对象，重点测度非营利机构子部门对所在机构部门产出、增加值和就业的贡献，政府部门中的非营利机构子部门和 NPISH 部门对住户实际最终消费的影响，如此处理可将隐藏在其他机构部门中的非营利机构信息显露出来，可归类为"部门细化"。

（二）扩展

具体包括两种扩展方式：卫星账户第三部分以 SNA 账户体系为核心将结构、能力与产出核算包括进来，但这一扩展是不完全的，尚未纳入客户、绩效与影响核算；卫星账户第一部分和第二部分通过变量形式的转换将市场非营利机构的非市场产出核算和志愿劳动的虚拟报酬核算引入进来。前者以独立模块的形式存在于卫星账户，后者融入于第一、第二部分之中。

二、短表的构成

在《手册》中，简易账户最显著的特点是遵从 SNA 中心框架的核算规则，利用其账户体系和数据来源直接编制卫星账户。但是，简易账户包括了部分"附加的价值变量"——政府支付和市场非营利机构的非市场产出，后者扩展了市场非营利机构的生产范围。本书建议以短表替代简易账户，仍然建立在 SNA 账户体系的基础之上，不包括"附加的价值变量"，但将财产收入的细节描述和资产负债核算纳入进来；同时，由 SNA 的"分类核算"转入短表的"总体核算"，是对 SNA 中心框架的公司、政府、住户和 NPISH 部门重新处理的结果，是卫星账户的编制起点。

表4-2　非营利机构卫星账户的短表

表格	非营利机构卫星账户	短表
Ⅰ	总体非营利机构部门	变量Ⅰ
Ⅱ	Ⅱ.1　按非营利机构类型分组的支出种类	变量Ⅰ
	Ⅱ.2　按非营利机构类型分组的收入来源	变量Ⅰ
	Ⅱ.3　按非营利机构类型分组的转移支付	变量Ⅰ
	Ⅱ.4　按非营利机构类型分组的付酬与志愿就业及报酬	付酬就业
	Ⅱ.5　按非营利机构类型分组的资产积累及存量状况	包括
Ⅲ	Ⅲ.1　按部门和机构类型分组的综合经济账户（变量Ⅰ）	包括
	Ⅲ.2　按部门和机构类型分组的综合经济账户（变量Ⅱ）	不包括
	Ⅲ.3　按部门和机构类型分组的综合经济账户（变量Ⅲ）	不包括
Ⅳ	Ⅳ.1　按产业、部门和机构类型分组的产出、增加值和就业（变量Ⅰ）	包括
	Ⅳ.2　按产业、部门和机构类型分组的产出、增加值和就业（变量Ⅱ）	不包括
	Ⅳ.3　按产业、部门和机构类型分组的产出、增加值和就业（变量Ⅲ）	不包括
	Ⅳ.4a　按机构类型及目的分类的一般政府的最终消费支出	变量Ⅰ
	Ⅳ.4b　按部门和机构类型及目的分类的个人最终消费支出	变量Ⅰ
Ⅴ	Ⅴ.1　按非营利机构类型分组的非营利实体、成员和成员身份	非营利实体
	Ⅴ.2　按职业、性别和年龄分组的非营利机构付酬雇员、志愿者和成员	付酬雇员
	Ⅴ.3　按职业、性别和年龄分组的志愿赠与	不包括
	Ⅴ.4　按非营利机构类型分组的部分产出和能力指标	不包括
Ⅵ	按机构类型分组的总体非营利机构部门的关键维度	变量Ⅰ

资料来源：李海东.SNA 的修订与中国非营利机构核算的改进［J］.统计研究，2014（5）.

　　由表4-2可知，短表包括了卫星账户的全部六套表格，但仅涉及变量Ⅰ，即建立在 SNA 中心框架的基础之上。此外，短表还包括了表Ⅱ.4中的"付酬就业"和表Ⅴ.1中的"非营利实体数"，因为非营利部门的"付酬就业"与其他机构部门一样属于 SNA 中心框架的核算内容；在进行"分类核算"时，必须掌握各非营利机构子部门中的非营利实体数，自然可以汇总出经济总体中的非营利实体数。因此，尽管非营利实体是扩展核算的内容，却可提前列入短表。

　　在短表的编制过程中，可依据核算内容的不同将其区分为两个部分。

（一）经济运行

　　经济运行即卫星账户表Ⅲ和表Ⅰ。表Ⅲ描述非营利机构子部门和 NPISH 部门的经济运行，表Ⅰ显示非营利部门的经济循环，因而表Ⅲ展示了表Ⅰ的形成过程，或说表Ⅲ的最后一列（总体非营利机构部门）就

是表Ⅰ的 A 部分，体现了 SNA "分类核算"至卫星账户"总体核算"的转化过程，并且两套表格所反映的内容基本相同。如果从编制过程来看，其顺序应该是表Ⅲ—表Ⅰ，也即表Ⅲ是短表的编制起点。

然而，表Ⅲ包括了三种变量形式，其中，表Ⅲ.2、Ⅲ.3 针对的是变量Ⅱ和变量Ⅲ，由于实施了扩展而不属于短表，因此，意味着表Ⅲ.1 才是短表乃至整个卫星账户的编制起点。表Ⅰ分为 A（SNA 交易、其他流量和存量）、B（其他变量）两个部分（见表4-3），其中 B 部分包括付酬和志愿就业两个分量，尽管卫星账户将付酬就业也置于扩展之中，但SNA 已经包括了付酬就业，因而将其归入短表，而志愿就业核算超出了SNA 中心框架的范围，故被排除在外。此外，表Ⅰ A 部分的流量和存量也被区分为三种变量形式，其中变量Ⅱ、变量Ⅲ不属于短表核算的范围。

表4-3　总体非营利机构部门

账户	变量Ⅰ		变量Ⅱ		变量Ⅲ	
	使用	来源	使用	来源	使用	来源
A 部分						
经常账户						
积累账户						
存量账户						
B 部分						
付酬就业						
志愿就业						

资料来源：联合国. 国民账户体系非营利机构手册（2003）［M］. 纽约，2005，第76~78页.

（二）特征描述

包括表Ⅱ和表Ⅳ，是对卫星账户表Ⅰ和表Ⅲ的重新处理，以凸显非营利部门的关键特征（见表4-2），如表Ⅱ归纳非营利部门的支出（见表4-4）、收入和转移支付等特征，表Ⅳ展示非营利机构子部门的产出、增加值和消费等特征，但仅限于变量Ⅰ。还需注意的是，表Ⅱ.3 只有变量Ⅰ、变量Ⅲ两种形式；一些表格中只有部分内容属于短表，如表Ⅱ.4 和表Ⅴ.2 仅涉及付酬就业和付酬雇员，表Ⅴ.1 只包括非营利实体。至于表Ⅵ，是前述表格的综合，由于三种变量形式混杂在一起，故只包括变量Ⅰ。

表4-4 按非营利机构类型分类的支出

按 ICNPO 分类	支出总额	营业支出				应付赠款、补助和捐款	应付财产收入	其他支出
		中间消耗	雇员报酬	固定资本消耗	其他生产税净额			
合计 文化和艺术 教育和研究 卫生保健 社会服务 ⋮								

资料来源：联合国. 国民账户体系非营利机构手册（2003）［M］. 纽约，2005，第79页之表Ⅱ.1，仅包括变量Ⅰ。

类似地，SNA2008 也对卫星账户的表格进行了区分（见表4-5），与本书的分类大体相同，仅存在一些细微的差异。由表4-5可知，第一，SNA2008 实际上是依据变量种类的不同来分类前三套账户的，以观察市场非营利机构的非市场生产和志愿劳动对非营利部门生产、收入分配、收入使用、积累和存量的影响。但是，短表不仅包括第一套账户，还涵盖"其他扩展"中的付酬就业和非营利实体。第二、三套账户属于长表，只不过区分了扩展层次，例如，市场非营利机构的非市场产出核算仅需现有资料，无非是改变了核算方法，因此，列于扩展的第一层次；而绝大多数国家尚未建立持续稳定的志愿劳动调查体系，故置于扩展的第二层次。如此分类可使国家统计部门由易至难地实施分步骤扩展，同时可进行不同变量间的国际比较。

表4-5 SNA2008 对卫星账户的分类

账户	内容
第一套账户	SNA 账户序列（变量Ⅰ）
第二套账户	引入市场非营利机构的非市场产出核算（变量Ⅱ）
第三套账户	引入志愿劳动核算（变量Ⅲ）
第四套账户	其他扩展

资料来源：联合国等. 2008 国民账户坐标系［M］. 中国国家统计局国民经济核算司，中国人民大学国民经济核算研究所译. 北京：中国统计出版社，2012：521~522。

三、中国卫星账户短表的编制

由中国国家统计局国民经济核算司（2005）所编撰的《2004 中国国民经济核算年鉴》可知，中国国民核算体系（CSNA2002）所编撰的系列账户包括经常、积累和国外账户，但与短表要求相比还存在一定的差距。

表 4-6　2002 年中国国民经济核算综合账户（部分）　　单位：亿元

使用				流量和存量	来源			
住户	政府	金融机构	非金融企业		非金融企业	金融机构	政府	住户
				增加值	60811.8	2885.8	11705.1	29769.4
26446.4	10866.5	1036.6	24174.8	劳动者报酬				
1367.2	154.6	548.1	15764.8	生产税净额				
1955.9	684.0	1301.1	20872.2	总营业盈余				
367.3	681.8	5211.2	7277.5	财产收入	3110.5	5128.9	330.3	3755.0
5443.7	4502.1	655.4	2980.9	经常转移	275.1	479.5	7855.6	6047.0
68448.3	21520.6	1042.9	13999.3	可支配收入				
48881.6	13916.9			消费支出				
19566.7	7603.7	1042.9	13999.3	总储蓄				

资料来源：中国国家统计局国民经济核算司.2004 中国国民经济核算年鉴［M］.北京：中国统计出版社，2005：98-113.

（一）机构部门分类

如表 4-6 所示，CSNA2002 仅设置了非金融企业、金融机构、政府和住户四个机构部门。令人欣慰的是，CSNA2016 设置了非营利机构类型，在机构部门分类中建立了 NPISH 部门，故可在此基础上实施"分类核算"，同时组建非营利部门。然而，国家统计局有关负责人在答记者问时指出，CSNA2016 的实施是渐进的，虽然提出了许多修订项目，但一些项目尚未具备实施的条件，包括 NPISH 部门[①]。尽管无法在短时间内建立 NPISH 部门，但只要进行了"分类核算"，即可从广义政府和企业部门中分离出非营利机构，同样建立非营利部门并编制短表，意味着建立非营利机构子部门比 NPISH 部门更重要，尤其是市场与非市场非营利机构的

---

① 国家统计局.中国国民经济核算体系 2016 增新兴经济核算［EB/OL］.http://finance.qq.com/a/20170714/047326.htm.

区分。按照 CSNA2002 的惯例，NPISH 仍然被包含在 CSNA2016 的广义政府部门内；由于广义政府部门包括的非营利机构数量多、规模大，故可以该部门的非营利机构子部门为核心，汇聚企业部门的非营利机构子部门以建立总体非营利部门，如此处理不至于出现数据遗漏，并且工作量较小。

与其他机构部门账户类似，短表的编制重点也是生产总量核算。从"非营利组织国际分类"（ICNPO）的角度来看，应侧重关注房地产业、农林牧渔服务业、地质勘查水利管理业和社会服务业等 8 个行业（见表 4-7），毕竟中国事业单位和社会组织在上述领域的出现频率非常高。尽管 8 个行业的增加值占国内生产总值的比重在 14% 波动，但是，通过简单汇总所得到的结果极为粗略，也存在一些问题，例如，营利性与非营利性教育医疗单位的区分，市场与非市场非营利机构的判别，一些行业并非均为非营利机构（如国家机关、政党机关和社会团体），没有考虑宗教活动场所等，说明短表的编制仍需从非营利机构单位的甄别入手。

表 4-7   2000~2003 年部分行业增加值　　　　单位：亿元

行业　　　　　　　　　年份	2000	2001	2002	2003
（1）房地产业	1690.4	1885.4	2098.2	2377.6
（2）农、林、牧、渔服务业	228.5	265.1	298.4	313.4
（3）地质勘查水利管理业	328.6	343.1	356.7	348.8
（4）社会服务业	3249.8	3855.7	4366.4	4879.6
（5）卫生体育和社会福利业	826.1	986.3	1068.4	1158.8
（6）教育、文化艺术及广播电影电视业	2391.2	2768.7	3090.5	3415.1
（7）科学研究和综合技术服务业	626.1	702.7	802.1	884.2
（8）国家机关、政党机关和社会团体	2347.8	2584.6	2844.5	3138.5
合计	11688.5	13391.6	14925.2	16516
国内生产总值	89468.1	97314.8	105172.3	117390.2
占比（%）	13.06	13.76	14.19	14.07

资料来源：中国国家统计局国民经济核算司.2004 中国国民经济核算年鉴［M］.北京：中国统计出版社，2005：3.

确认非营利部门之后，即可甄别和汇聚现有数据来源以编制中国卫星账户短表。观察可知，中国卫星账户短表存在着两条编制路线：

其一，从表Ⅲ.1入手，获取非营利部门信息之后结转至表Ⅰ，再进行归纳得到表Ⅱ，这是第一条编制路线：表Ⅲ.1—表Ⅰ—表Ⅱ，或可理解为"分类核算"—"总体核算"—部门特征。

其二，由表Ⅲ.1开始，通过整理得到表Ⅳ，这是第二条编制路线：表Ⅲ.1—表Ⅳ，亦即"分类核算"—子部门特征。

（二）变量设置

值得一提的是，《手册》推荐的卫星账户建立在SNA1993的框架之内，由于SNA1993已经更新为SNA2008，因而卫星账户也应做相应变动，也即短表的编制应以SNA2008的机构部门账户为基础，同时注意一些细节变化：

1. 财产收入

SNA1993将财产收入区分为利息、公司已分配收入（红利、准公司收入提取）、外国直接投资的再投资收益、属于投保人的财产收入和地租五个分量（联合国等，1993，第7.89段），而SNA2008将财产收入区分为投资收入和地租，并在其他投资收入中新增了对养老金权益的应付投资收入和属于投资基金股东集体的投资收入（联合国等，2008，第7.111段）。

2. 转移

SNA1993中的经常转移包括所得财产等经常税、社会缴款和社会福利及其他经常转移，相对而言，尽管SNA2008没有出现较大的变化，但在其他经常转移的抽彩和赌博中新增了通过彩票提供给慈善团体的捐款①，再加上支付给NPISH的经常转移中的募捐和自愿捐赠（联合国等，2008，第8.132、8.137段），使非营利机构的赠与核算趋于完整。在其他资本转移中，新增了由政府或NPISH承担维护责任的集体建造财产（联合国等，2008，第10.212段h项）。

3. 公共服务

SNA2008认为，NPISH不仅提供个人货物与服务，也提供公共服务（联合国等，2008，第9.107段）。

---

① 中国彩票发行额中的50%用于返奖，15%用于发行费用，35%用于公益事业。由此可知，福利彩票的运作带有商业特点，但从概率上来看，绝大多数购买者是没有回报的，暗含了一种志愿捐赠的行为，因而可处理为赠与（李飞星，2009）。

作为卫星账户的组成部分，短表应详细描述与非营利机构有关的流量和存量，尤其是收入与支出，包括经常转移中的支付给 NPISH 的经常转移、抽彩与赌博、补偿支付、实物社会转移及资本转移中的遗产或生者之间的巨额赠与（如捐赠给非营利机构的遗产）、住户或企业对非营利机构的特大捐赠等，毕竟许多非营利机构的主要收入为募捐、缴款、捐赠或财产收入。

目前，中国国民核算体系所编制的账户序列还不够完整，例如，在经常账户中缺失实物收入再分配账户和调整后可支配收入使用账户，在积累账户中尚未建立资产物量其他变化账户和重估价账户，也没有编制资产负债存量账户（国家统计局国民经济核算司，2005，第 94~117 页）。尽管上述账户都很重要，但相对非营利机构核算而言，实物社会转移、调整后可支配收入和实际最终消费核算具有特别的价值，不仅涉及收入分配与使用核算的完整性，体现非营利机构的再分配功能，而且还与卫星账户的公平核算存在着密切的关系，是非营利机构卫星账户不可或缺的组成部分，自然成为中国短表编撰的重点。

第二节　实物社会转移核算

学者普遍认为，实物社会转移核算不仅可反映政府和 NPISH 对住户消费的贡献，而且在住户生活质量和政府作用评价方面起着重要的作用。在计划经济时期，中国大多数学校和医院是公立的，住房服务的提供是免费的或仅收取象征性的费用，意味着中国政府提供了范围广泛的实物社会转移（许宪春，1995；赵春艳，2000）；尽管当时中国住户的人均可支配收入与最终消费支出都不算高，但如果包括来自政府的实物社会转移则有一定幅度的增长，也更真实地反映了住户部门的实际生活水平。近一段时期以来，中国政府实施了一系列惠民政策，例如，家电下乡补贴、汽车节能补贴、以旧换新补贴和高速公路节假日免费通行等，这些政策不仅促进了相关产业的发展，而且改善了民生，也凸显了实物社会转移核算的重要性；这一重要性既包括转移总量也涉及分布态势，例如，医疗、教育和社会保障在城乡间的分布，对于平抑收入分配中的不公平、缩小城乡收入差距有非常重要的研究价值。

相对于可支配收入与最终消费支出，调整后可支配收入与实际最终

消费是一国收入分配与收入使用核算的最终结果，也更准确地展现了住户、政府和 NPISH 三个部门之间的收入与消费格局，自然成为经济分析中的重要变量。可以推测，如果以调整后可支配收入和实际最终消费识别贫困人口、实施精准扶贫、测度城乡收入差距、编制消费者物价指数（CPI）以及制定收入分配和福利政策等，也许会扩展已有的研究结论。例如，宋旭光（2014）在研究中国财政收入的超额增长是否必然挤压住户收入时指出：尽管住户向政府的经常转移支出会减少其可支配收入，但实物社会转移将使两个部门的调整后可支配收入发生变动。因此，政府财政收入占国民可支配收入的比重上升并不必然意味着住户实际收入一定减少或税负加重。又如，CPI 的编制一般建立在住户最终消费支出的基础之上，如果编制目的主要用于测算住户生活水平的变化时，理应使用住户实际最终消费；无论实物社会转移还是最终消费支出，住户均可从中受益，与谁承担支出没有关系（徐强，2007）。

正因如此，许多学者希望在中国国民核算体系中引入实物社会转移核算。然而通过文献梳理发现，现有研究或偏向于实物社会转移核算的重要意义，或侧重于核算原理的解读，实际测算方面的文献几乎没有。究其原因，一是 CSNA2002 未设置非营利机构这一机构类型，因而不存在单列的 NPISH 部门，致使核算涉及的机构部门不完整；二是核算内容较为复杂，如何从政府财政决算支出中分离出实物社会转移，尚需做大量的数据甄别和处理工作，尤其是转移的实物性判断，再加上资料所限，也很难得到完整的核算结果。基于此，首先，本节探讨了实物社会转移核算的理论基础；其次，从《个人消费目的分类》（COICOP）、《政府职能分类》（COFOG）和《为住户服务的非营利机构的目的分类》（COPNI）入手明确实物社会转移的总体范围与详细构成；最后，以《2014 年全国一般公共预算支出决算表》为主要数据来源，对中国政府和 NPISH 部门的实物社会转移与住户部门的实际最终消费进行试算。

一、第三次分配理论

在中国理论界，厉以宁（1994）首次提出了第三次分配，第一次分配是市场主导侧重效率，第二次分配是政府主导偏重公平，第三次分配是非营利机构主导关注慈善。事实上，第三次分配的理论基础仍然是"市场失灵"与"政府失灵"，只不过不是用来解释非营利机构的产生原因和运作空间，而是运用于收入分配。该理论认为，第一次分配基于市场效率，收入的多寡取决于所拥有的生产要素的数量与质量，必将导致较大的收入差距和贫富分化；而政府可以通过所得税、财产税和社会保障等强制性的经常转移来实施收入调整，但这些调整并非万能，例如，政府财力有限或施政目标的多样性，使之无法达成理想状态，并在收入分配领域遗留了一些空白区域，这就需要非营利机构介入以弥补市场和政府的双重失灵，进而产生了第三次分配（白彦锋，2008）。

由此可知，第三次分配独立于市场和政府或发生在住户之间，也可以非营利机构为桥梁，其分配手段为志愿性的慈善捐赠。也正是因为第三次分配扮演着"拾遗补阙"的角色，故在整个收入分配中仅起着辅助和补充的作用，由于"及时性""敏锐性"和较强的"针对性"又使之能够较为迅速地解决社会问题，因此，又被称为"温柔的分配"（魏俊，2008），并在和谐社会的建设进程中占据重要的地位。

也有学者对第三次分配持有异议，因为慈善捐赠和政府税收这两种分配方式本质相同仅路径相异（唐钧，2005），例如，"社会捐款—慈善基金—慈善事业"和"税收—财政—公共支出"（白彦锋，2008），前者强调"主动"而后者体现"被动"，如果从捐赠额应从所得税计算基数中扣除来看，慈善捐赠更应归属第二次分配（高敏雪，2006）。尽管围绕着第三次分配存在着一些争议，宏观经济理论依然坚持收入初次分配和再分配的"两分法"，而国民经济核算则将收入再分配细分为两个层次，例如，收入再分配账户包括了"住户间的经常转移"和"向为住户服务的非营利机构的转移"，实物收入再分配账户专门核算实物社会转移。其中，"住户间的经常转移"及 NPISH 向住户提供的实物社会转移，重点描述住户间的互助行为和非营利机构的公益慈善活动，与第三次分配理论相当接近。由于实物收入再分配仅涉及排他性的货物与个人服务，因此，政府（包括 NPISH）不仅要确定供给总量，而且还要决定如何在不同人群中进行分配（联合国等，2008，第 9.94 段），意味着非市场生产者免费或以无经济意义的价格处置其全部或大部分产出的处理方式不是通过市场机制而是经由某种再分配方式进行的，例如，实物社会转移就是"发生在消费领域的收入分配，相当于是从公共消费支出划出来一部分转移给住户部门，由此形成了不同于消费支出的另一个消费概念——实际最终消费"（高敏雪，2006），同时逆向调整收入概念以维持储蓄不变，

因为"要对住户消费的口径进行扩展，必须同时也扩展收入的口径，以便与之匹配，因为住户储蓄是不受不同口径的影响的"（联合国等，2008，第8.143段）。也正是因为实物社会转移"是收入再分配过程的继续"（联合国等，1993，第8.2段），因而在分析一国收入和消费结构时应以调整后可支配收入和实际最终消费为衡量标准，例如，从收入形成账户一直到收入再分配账户，更多地描述了政府"取之于民"的分配特征，而实物收入再分配账户侧重体现"用之于民"，只有包括实物收入再分配账户才可全面刻画政府和非营利机构在整个收入分配进程中的作用与地位。

不论理论界如何区分，国民经济核算不仅可描述"两分法"也可展示"三分法"的收入分配特征，并且还增设了宏观经济理论尚未涉及的调整后可支配收入和实际最终消费两个流量。当然，无论是第三次分配理论还是国民核算体系都存在一些不够完善之处，例如，第三次分配理论认为，慈善类非营利机构是分配主体，而将其他类非营利机构排除在外；国民核算体系的中心框架没有测算志愿者的时间捐献，而志愿时间捐献与慈善捐赠一样均为第三次分配的重要手段。

二、实物社会转移的核算原理

总体来看，实物社会转移核算可区分为两个阶段：SNA的实物社会转移核算与手册的增补核算。由于增补核算属于长表内容，故本节重点探讨SNA2008的实物社会转移核算。

（一）功能分类中的实物社会转移

在SNA2008中，实物社会转移被定义为"政府和NPISH免费或以没有显著经济意义的价格提供给住户的货物与服务"（联合国等，2008，第8.141段），包括"实物社会转移—非市场产出"（D631）和"实物社会转移—购买的市场产出"（D632）两个分量（联合国等，2008，第A1.23段）。虽然SNA2008指出实物社会转移主要涉及教育、卫生、社会保障和福利、体育与娱乐以及文化等货物与服务，但详细的分类目录必须从三个功能分类——COICOP、COPNI和COFOG入手予以界定。[①]

---

① SNA1993附录了三个功能分类，但详略程度不同，例如，COPNI分至大类，COICOP和COFOG详细到中类（联合国等，1993，第625~627页）；而SNA2008的附录更加粗略，甚至没有全部列示COPNI的大类（联合国等，2008，第594~595页）。因此，欲获取分类细节需查阅《支出目的分类》（United Nations，2000）；这些功能分类已于2000年被修订，并为SNA2008所采纳。

在《支出目的分类》中,"功能"被定义为"机构单位经由各类支出以达成社会经济目标"(United Nations,2000,第5段),因而功能分类就是支出分类。COICOP分类住户个人消费支出,再加上NPISH和政府部门的"个人消费支出"——用于住户个人的公共消费支出;COFOG和COPNI的支出分类涉及一系列交易,包括消费支出、中间消耗、资本形成、经常转移和资本转移(United Nations,2000,第6段)。相对而言,COFOG比COPNI更复杂一些,因为COFOG必须判别政府所提供的服务中,哪些使单个住户受益,哪些使住户集体受益,并将其中的个人服务归入实物社会转移(United Nations,2000,第9段)。

三个功能分类全部采取三级分类:大类(Division)、中类(Group)和小类(Class),或两位数至四位数分类。实物社会转移包括COFOG的卫生(07)、娱乐文化和宗教(08)、教育(09)、社会保障(10)四个大类以及COPNI的所有九个大类(见表4-8);其中COFOG的四个大类正好对应COPNI的02~06,若将COFOG社会保障大类中的"住房"(10.6.0)小类单列出来,又与COPNI的"住房"(01)呈对应关系。由此可知,COFOG的01~06大类属于公共服务,剩下的四个大类与COPNI和COICOP类似,均侧重于个人服务,同时也存在着对应关系,例如,COICOP的"健康"(06)—COPNI的"卫生保健"(02)—COFOG的"卫生"(07);COICOP的"教育"(10)—COPNI的"教育"(04)—COFOG的"教育"(09),等等。

表4-8 三种功能分类的大类设置

大类	COICOP	COPNI	COFOG
01	食品和非酒精饮料	住房	一般公共服务
02	酒精饮料、烟草和麻醉药	卫生保健	国防
03	服装和鞋类	娱乐和文化	公共秩序和安全
04	住房、水、电、气和其他燃料	教育	经济事务
05	家具、家用设备和家庭日常维修	社会保障	环境保护
06	健康	宗教	住房和社区设施
07	运输	政治团体、劳工和专业组织	卫生
08	通信	环境保护	娱乐、文化和宗教
09	娱乐和文化	未另分类的服务	教育

续表

大类	COICOP	COPNI	COFOG
10	教育		社会保障
11	餐饮和住宿		
12	其他货物和服务		
13	NPISHs 的个人消费支出		
14	一般政府的个人消费支出		

资料来源：联合国等.2008 国民账户体系［M］.中国国家统计局国民经济核算司，中国人民大学国民经济核算研究所译.北京：中国统计出版社，2012；United Nations. Classifications of Expenditure According to Purpose：Classification of the Functions of Government（COFOG）；Classification of Individual Consumption According to Purpose（COICOP）；Classification of the Purposes of Non-Profit Institutions Serving Households（COPNI）；Classification of the Outlays of Producers According to Purpose（COPP）［M］. United Nations Publication Sales No. E. 00. XVII. 6，New York，2000.

对比可知，三个功能分类都发生了一些变化（联合国等，1993，第625~627 页；联合国等，2008，第594~595 页），尤其是 COICOP 的改进，例如，分类更细，将"食品、饮料和烟草"（01）细分为"食品和非酒精饮料"（01）与"酒精饮料、烟草和麻醉品"（02）；新增了三个大类，包括"通信"（08）、"NPISHs 的个人消费支出"（13）和"一般政府的个人消费支出"（14），特别设计第13、14 两个大类的目的就是承接来自 NPISH 和一般政府的实物社会转移，故可认为这一改进的主要意图就是实物社会转移和实际最终消费核算。

第13、14 两个大类的设计方便了 COPNI、COFOG 向 COICOP 的数据结转，但仍应关注三者之间的对应关系。由表4-9 可知，COFOG 与 COPNI 的实物社会转移各被细分为 30 个小类，在设计上尽量与 COICOP 保持一致，例如，COICOP 的 06.1.3 对应 COPNI 的 02.1.3 和 COFOG 的 07.1.3，仅在向 COICOP 结转时变动了原有代码，例如，COPNI 的 02.1.3 转化为 COICOP 的 13.2.3，COFOG 的 07.1.3 转化为 COICOP 的 14.2.3，等等。在绝大多数对应关系中，三种分类的小类名称都相同，也有一些小类在转化时改变了名称，例如，COPNI 的"医疗服务"（02.2.1）转化为 COICOP 的"门诊医疗服务"（13.2.4）。当然也存在一些非对应类别，包括"其他保健服务"（13.2.8）、"公共保健服务"（14.2.8）、"宗教"（13.61）等，体现了政府和 NPISH 不同于住户的消费特征。

再以住房服务为例，COICOP 中的"租户实际支付的房租"（04.1.1）指住户为其住宅（无论有无家具）实际支付的房租。与此对应的是，COPNI 的"住房"（01.0.0）包括那些开发、建造、管理、出租、融资和维修住宅的 NPISH 的支出，而 COFOG 的"住房"（10.6.0）则指政府以实物社会福利的形式向个别住户提供的住房服务，例如，降低居住成本、提供公益住房服务等。因此，住户可以通过个人消费支出的方式获取住房服务，也可经由实物社会转移的方式获得，甚至一笔完整的住房服务有可能分解为住户个人消费支出和实物社会转移两个部分，而只有合并处理才能全面显示住户获取的住房服务价值，例如，只需汇总 COPNI 的 01.0.0 和 COFOG 的 10.6.0 即可得到住房类实物社会转移，再加上 COICOP 的 04.1.1 又可获取同一小类的住户实际最终消费。

表 4-9　住户个人消费支出和实物社会转移的对应关系

COICOP	实物社会转移	
	COPNI	COFOG
04.1.1 租户实际支付的房租	01.0.0 住房（13.1.0）①	10.6.0 住房（14.1.0）
06.1.1 药品	02.1.1 药品（13.2.1）	07.1.1 药品（14.2.1）
06.1.2 其他医疗用品	02.1.2 其他医疗用品（13.2.2）	07.1.2 其他医疗用品（14.2.2）
06.1.3 治疗器械和设备	02.1.3 治疗器械和设备（13.2.3）	07.1.3 治疗器械和设备（14.2.3）
06.2.1 医疗服务	02.2.1 医疗服务（13.2.4）	07.2.1 一般医疗服务；07.2.2 专科医疗服务（14.2.4）
06.2.2 牙科服务	02.2.2 牙科服务（13.2.5）	07.2.3 牙科服务（14.2.5）
06.2.3 辅助医疗服务	02.2.3 辅助医疗服务（13.2.6）	07.2.4 辅助医疗服务（14.2.6）
06.3.0 医院服务	02.3.0 医院服务（13.2.7）	07.3.1 一般医院服务；07.3.2 专科医院服务；07.3.3 妇产科中心服务（14.2.7）
	02.4.0 公共保健服务；02.5.0 医疗研究与开发；02.6.0 其他保健服务（13.2.8）	07.4.0 公共保健服务（14.2.8）

---

① 需注意的是：实物社会转移中每个项目前面的序号为现有分类中的序号，后面括号中的序号为结转至 COICOP 之后所使用的序号。例如，01.0.0 是 COPNI 中"住房"的序号，13.1.0 是"住房"结转到 COICOP 之后的序号。

续表

COICOP	实物社会转移	
	COPNI	COFOG
09.4.1 娱乐和体育服务	03.1.0 娱乐和体育服务（13.3.1）	08.1.0 娱乐和体育服务（14.3.1）
09.4.2 文化服务	03.2.0 文化服务（13.3.2）	08.2.0 文化服务（14.3.2）
10.1.0 学前教育和初等教育	04.1.0 学前教育和初等教育（13.4.1）	09.1.1 学前教育；09.1.2 初等教育（14.4.1）
10.2.0 中等教育	04.2.0 中等教育（13.4.2）	09.2.1 第1阶段中等教育；09.2.2 第2阶段中等教育（14.4.2）
10.3.0 中等教育后的非高等教育	04.3.0 中等教育后的非高等教育（13.4.3）	09.3.0 中等教育后的非高等教育（14.4.3）
10.4.0 高等教育	04.4.0 高等教育（13.4.4）	09.4.1 高等教育第1阶段；09.4.2 高等教育第2阶段（14.4.4）
10.5.0 难以划分层级的教育	04.5.0 难以划分层级的教育（13.4.5）	09.5.0 难以划分层级的教育（14.4.5）
	04.6.0 教育研究与开发；04.7.0 其他教育服务（13.4.6）	09.6.0 教育辅助服务（14.4.6）
12.4.0 社会保障	05.1.0 社会保障服务；05.2.0 社会保障研究与开发（13.5.0）	10.1.1 疾病；10.1.2 残疾；10.2.0 老年；10.3.0 遗属；10.4.0 家庭与儿童；10.5.0 失业；10.7.0 未另分类的社会排斥（14.5.0）
	06.0.0 宗教（13.6.1） 07.1.0 政党；07.2.0 劳工组织；07.3.0 专业团体（13.6.2） 08.1.0 环境保护；08.2.0 环境保护研究与开发（13.6.3） 09.1.0 未另分类的服务；09.2.0 未另分类服务中的研究与开发（13.6.4）	

资料来源：United Nations. Classifications of Expenditure According to Purpose：Classification of the Functions of Government（COFOG）；Classification of Individual Consumption According to Purpose（COICOP）；Classification of the Purposes of Non-Profit Institutions Serving Households（COPNI）；Classification of the Outlays of Producers According to Purpose（COPP）［M］. United Nations Publication Sales No. E. 00. XVII. 6，New York，2000.

（二）核算中应注意的问题

1. 支出主体

SNA2008 认为，虽然实物社会转移的支出方为政府和 NPISH 部门，但在卫星账户中尚需进一步探讨部门细分和部门范围等问题。

（1）政府部门。无论 SNA2008 对政府子部门的哪种划分方式，均可将政府部门实物社会转移的支出方细分为政府单位、社会保障基金和政府控制的非营利机构，其中，COFOG 的"社会保障"（10）正好对应社会保障基金，余下的"卫生"（07）、"娱乐文化和宗教"（08）、"教育"（09）对应政府单位和政府控制的非营利机构，如此细分可分别考察政府、社会保障基金和非营利机构在实物社会转移中的动机和作用。

（2）非营利部门。正如前述，政府控制的非营利机构和 NPISH 均为实物社会转移的支出方，仅从非营利部门中排除了市场非营利机构。在现实生活中，存在着为住户服务的和为企业服务的两类市场非营利机构，由于为住户服务的市场非营利机构（如学校和医院等）具有非营利身份也可以接受社会捐赠，但并非用于慈善而是为了降低较高的收费标准，甚至以无经济意义的价格向住户提供教育和医疗服务。显然，此类市场非营利机构能够提供非市场产出，接受方是住户，与实物社会转移非常相似，不同之处仅在于提供方为市场非营利机构，或可看作公司部门的"慈善行为"。能否将为住户服务的市场非营利机构也归入实物社会转移的支出方，是长表所要探讨的问题。

2. 转移内容

从消费物的种类来看，既包括耐用品（D）和非耐用品（ND），又涉及个人服务（IS）与公共服务（CS）。观察表 4-9 可知，实物社会转移仅包括货物和个人服务，为单个住户或其成员所获取，具有竞争性与排他性，住户需同意接受服务并予以配合，只能遵从提供方的意愿进行消费等（联合国等，2008，第 8.103 段）。尽管 COFOG 中的娱乐文化和宗教、卫生、教育与社会保障四个大类被划归个人服务，但其中的一些中类或小类却属于公共服务，例如，卫生大类中的 07.1~07.4 为个人服务，07.5~07.6 是公共服务。具体来看，上述四个大类中的公共服务可分为以下三种类型：

（1）应用研究与实验开发。包括卫生（07.5.0）、娱乐文化和宗教

（08.5.0）及教育（09.7.0）方面的应用研究和实验开发。这些研究与开发由政府出资或提供资助，其研究成果可免费享用，自然应归属公共服务。

（2）未另分类的服务。包括"未另分类的卫生服务"（07.6.0）、"未另分类的娱乐文化和宗教服务"（08.6.0）及"未另分类的教育服务"（09.8.0）。例如，"未另分类的卫生服务"（07.6.0）包括医疗保健政策、计划、规划、项目和预算的制定、管理、协调与监控，相关法律和标准的制定与实施，行医资格与经营许可的审核及批准，医疗信息、技术文件和统计数据的编制与传播等，这些服务属于一般性事务，具有非竞争性和非排他性，因而属于公共服务（联合国等，2008，第219~220页）。

（3）其他服务。包括"广播和出版服务"（08.3.0）及"宗教和其他社区服务"（08.4.0）。例如，"广播服务"可提供给全社会每个成员，其消费通常是被动的且无须接受方的明确同意，具有非排他性。

在政府部门的实物社会转移核算中，需从四个大类中剔除上述公共服务。但需注意的是，带有"公共"前缀的服务不一定就是公共服务，例如，"公共保健服务"（07.4.0）主要包括血库（抽取、处理、储存和运输）、疾病检测（癌症、肺结核、性病等）、预防（免疫、接种）、监控（婴儿营养、儿童健康）和计划生育服务等，这些服务的受益方是住户部门中的特定人群，因此，属于个人服务。

按照惯例，SNA1993认为，NPISH只提供个人服务，因此，类似的COFOG分类在COPNI中却有不同的含义，例如，"环境保护研究与开发"（08.2.0）的成果主要供成员使用，具有明显的排他性而归属个人服务；COPNI的"未另分类的服务"（09.1.0）并非政策、标准和规章制度的制定，而是那些无法归入其他类别的个人服务，例如，提供社会服务的社区和邻里组织、向单个住户提供法律援助与相关帮助的组织等。不同于SNA1993，SNA2008将NPISH分为三类：成员类和慈善类NPISH提供个人服务，第三类NPISH提供公共服务，在核算中必须扣除。不过，SNA2008也强调指出："除非这类活动是明显的并可以计量的，否则通常假定NPISH的支出仅为个人货物和服务支出"而全部归入实物社会转移（联合国等，2008，第9.107段）。

值得一提的是，在核算时除了做减法之外，还应关注加法，以确保核算内容的完整性。对一组同质机构单位的管理费用[①]，例如，在药品提供中的管理费用，最终将包括在产出价值之中，故应纳入实物社会转移，否则会导致低估。相对政府而言，非营利机构在生产经营中更依赖其他部门的资助，尤其是住户部门的志愿时间捐献，许多非营利机构特别是 NPISH 在运作中既雇佣付酬雇员又招募志愿者，意味着志愿劳动的时间价值是非市场产出乃至实物社会转移的重要组成部分。由于未向志愿者支付报酬，导致非营利机构应付劳动报酬、非市场产出和实物社会转移均出现低估，这一不足需通过志愿劳动核算并在长表中予以解决。

除此之外，尚需确定支出分类的选择，尤其应关注支出功能。例如，用于救济灾民的食品应归入 COICOP 中的"食品和非酒精饮料"（01）还是应归入 COFOG 中的"社会保障"（10）？从功能分类来看，应该归属 COFOG 的"社会保障"，如同露营车应当归属"娱乐和文化"而非"运输"一样；但略有不同的是，《支出目的分类》建议在"社会保障"之下设置一个备忘项目，以说明这一流量的实际内容，如此可与 COICOP 的"食品与非酒精饮料"合并以测算住户部门在此项目上的实际最终消费（United Nations，2000，第 28 段）。虽然救济食品的支出由政府承担，但实际受益的却是灾民，完全符合实物社会转移的定义规定。

3. 对外流量

将 COICOP 的第 13、14 两个大类汇总即为一国所支付的实物社会转移，即将政府、NPISH 为个别住户承担的公共支出处理为向住户的实物转移，但并不一定等于本国所获取的实物社会转移。从理论上来看，虽然实物社会转移的接收方既包括常住住户也涉及非常住住户，但后者所占的份额很小，毕竟这是一种对他国福利的无偿占用而受到限制，例如，2013 年英国政府对国民医疗服务系统（NHS）做出了调整，决定自 2014 年 3 月开始对在英国免费看病的移民和游客征收一定的费用（黄培昭、刘皓然，2013）。如果无法区分实物社会转移的对外收支流量，SNA2008 假定"付给非常住者的流量等于从其他经济体政府（和 NPISH）获得的流量"（联合国等，2008，第 8.145 段），此时，实物社会转移等于用于

---

①　管理费用是指行政管理部门为组织和管理生产经营活动而发生的各种费用，属于期间费用。

住户个人的公共消费支出，与 COICOP 另外 12 个大类的个人消费支出合并即可得到本国住户部门的实际最终消费。

三、中国实物社会转移的试算

实物社会转移核算需获取政府和 NPISH 部门的支出资料。截至 2017年，由于中国 NPISH 还未从政府部门分出，故应重点搜寻政府部门的支出数据，同时也意味着无法测算 NPISH 部门的实物社会转移，其数据被包含在政府部门之内。

由表 4-10 可知，中国财政部的《支出功能分类科目（2014）》借鉴了 COFOG 的通行做法，将政府支出划分为类、款和项三级，其中，"类"一级的科目设置更加详细，例如，2014 年版共计 23 类，尤其针对政府部门的经济事务，而实物社会转移主要分布在教育（05）、文化体育与传媒（07）、社会保障和就业（08）、医疗卫生与计划生育（09）及住房保障（19）之中。因此，拟以财政部《2014 年全国一般公共预算支出决算表》（以下简称支出决算表）为主要数据来源，对各支出项目逐一筛选以测算中国政府部门 2014 年的实物社会转移。

表4-10　支出功能分类科目（2014）与 COFOG（2000）的类别设置

大类	支出功能分类科目	COFOG
01	一般公共服务	一般公共服务
02	外交	国防
03	国防	公共秩序和安全
04	公共安全	经济事务
05	教育	环境保护
06	科学技术	住房和社区设施
07	文化体育与传媒	卫生
08	社会保障和就业	娱乐、文化和宗教
09	医疗卫生与计划生育	教育
10	节能环保	社会保障
11	城乡社区	
12	农林水	

大类	支出功能分类科目	COFOG
13	交通运输	COFOG 的经济事务： 一般经济、商业和劳工事务（04.1）； 农业、林业、渔业和狩猎（04.2）； 燃料和能源（04.3）； 采矿、制造和建筑（04.4）； 运输（04.5）； 通信（04.6）； 其他产业（04.7）； R&D 经济事务（04.8）； 未另分类的经济事务（04.9）
14	资源勘探信息等	
15	商业服务业等	
16	金融	
17	援助其他地区	
18	国土海洋气象等	
19	住房保障	
20	粮油物资储备	
21	政府债务付息	
22	其他	
23	预备费	

资料来源：财政部. 2014 年全国一般公共预算支出决算表［EB/OL］. http：//yss. mof. gov. cn/2014czys/201507/t20150709_1269855. html；联合国等. 2008 国民账户体系［M］. 中国国家统计局国民经济核算司，中国人民大学国民经济核算研究所译. 北京：中国统计出版社，2012.

（一）教育

2014 年教育类支出为 23041. 71 亿元，其中，教育管理事务支出为 431. 32 亿元，包括行政运行（198. 86 亿元）、一般行政管理事务（45. 97 亿元）、机关服务（6. 36 亿元）和其他教育管理事务（180. 14 亿元）四项支出。教育管理事务涉及教育政策、标准和规章条例的制定等一般性事务，类似于 COFOG 的"未另分类的教育"（09. 8），属于公共服务而予以剔除。

普通教育支出为 17800. 97 亿元，从学前教育直至高等教育。在其他教育（如职业教育、成人教育、广播电视教育、特殊教育等）支出中，相应的层级可以与普通教育合并，例如，成人教育中的成人初等教育、成人中等教育、成人高等教育对应普通教育中的学前和小学教育、初中与高中教育、高等教育，广播电视教育也可类似处理，因为教育活动既可在教室进行也可经由广播电视、网络等媒介实施。至于进修和培训可归入"难以划分层级的教育"。对比可知，COFOG 主要按层级分类教育，中国教育分类也可向 COFOG 转化。

必须注意的是，"化解农村义务教育债务支出"（4. 28 亿元）和"化

解普通高中债务支出"（34.86亿元）是对以往负债的清偿，并非服务提供而归属资本转移；"教育费附加安排的支出"（1453.84亿元）主要用于教学校舍和设施建设，正如《国务院关于修改〈征收教育费附加的暂行规定〉的决定》第八条所指出的，教育费附加"用于改善中小学教学设施和办学条件"，因此，划归资本形成。此外，"留学教育"支出（53.14亿元）包括本国公民的"出国留学教育"（33.99亿元）和外国公民的"来华留学教育"（19.10亿元），后者即为提供给非常住单位的实物社会转移。

以上各项合计为 21117.41（23041.71 - 431.32 - 4.28 - 34.86 - 1453.84）亿元，再加上援助其他地区中的教育支出 25.18 亿元，得教育类实物社会转移为 21142.59 亿元。

（二）文化与体育

1. 文化

文化支出（917.42亿元）扣除行政运行（98.30亿元）、一般行政管理事务（19.51亿元）和机关服务（2.95亿元）支出之后尚余796.66亿元。文化交流与合作支出（7.42亿元）、群众文化支出（130.08亿元）属于文化事务支出，文化展示及纪念机构支出（18.94亿元）、艺术表演场所支出（41.54亿元）是对文化设施的运作和支持，图书馆（94.99亿元）、艺术表演团体支出（79.68亿元）、文化活动支出（26.63亿元）可归类为文化产出的提供①。文化创作与保护支出（34.48亿元）主要用于奖励或资助单个艺术家、作家等文化工作者，其他文化支出（348.39亿元）是文化部门所属展览馆、纪念馆的经费以及各级文化部门、文联和作协的事业费等；至于文化市场管理支出（14.52亿元）主要用于一组同质机构单位的管理、运转和支持，按照《支出目的分类》的规定应纳入实物社会转移。需注意的是，如果举办文化活动的目的是吸引旅游者或招商引资，则应归属政府的经济事务。

———————————

① COFOG 将"文化服务"（08.2.0）区分为三个部分：一是提供文化服务，管理文化事务，监管文化设施；二是对文化活动设施的运作或支持（包括图书馆、博物馆、美术馆、剧场、展览厅、纪念性建筑物、历史性民居和遗址、动物园和植物园、水族馆等），文化产品的生产、运作或支持（音乐会、舞台制作、电影制作、艺术展览等）；三是对艺术家、作家、设计师、作曲家和其他文化艺术人员及促进文化发展的组织的补助、贷款和支持（United Nations，2000，第65页）。

在文物支出（311.18亿元）中，文物保护支出（117.16亿元）涉及考古发掘和历史遗留物的保护，与历史名城和古迹支出（37.95亿元）、博物馆支出（127.37亿元）、其他文物支出（19.33亿元）一样属于对文化活动设施的运作与支持及文化服务的提供。此外，电视支出（238.25亿元）、电影支出（13.07亿元）和其他广播影视支出（149.16亿元）用于影视产品的制片、发行和放映等活动，尽管在中国支出决算表中被划归"广播影视"，但按照COFOG的要求应归入"文化服务"（08.2.0）。以上合计得出文化类实物社会转移1498.95（796.66+117.16+127.37+37.95+19.33+13.07+238.25+149.16）亿元。

2. 体育

体育支出为370.75亿元，其中，行政运行（22.79亿元）、一般行政管理事务（4.28亿元）和机关服务（1.67亿元）属于一般性事务，而运动项目管理（32.27亿元）是对一组同质机构单位的管理。其余的支出分别属于体育服务的提供（体育竞赛25.91亿元）、体育事务管理（体育交流与合作2.49亿元）、体育设施的运作或支持（体育训练39.10亿元、体育场馆136.97亿元）及对运动队或运动员的资助支持（群众体育29.04亿元、其他体育支出76.24亿元），与COFOG的"娱乐和体育服务"（08.1.0）[①]的界定大体一致，由此得出体育类实物社会转移为342.01（370.75-22.79-4.28-1.67）亿元。两项合计为1840.96亿元，再加上援助其他地区的文化体育与传媒支出1.42亿元，可得出文化与体育类实物社会转移为1842.38亿元。

（三）社会保障与就业

相对而言，社会保障与就业支出涉及的内容十分庞杂，故将其区分为三个部分。

1. 社会保险福利

财政对社会保险基金的补助是在社会保险基金不敷使用时政府财政对基金的支持。由于支出决算表没有详细说明补助的形式，故需仔细甄别：财政对基本医疗保险、工伤保险和生育保险基金的补助，无论受益

---

① COFOG将"娱乐和体育服务"（08.1.0）划分为三个部分：一是体育娱乐事务、设施和服务的管理、监控与提供；二是体育和娱乐设施的运作或支持；三是对运动队或运动员的补助、资助和贷款（United Nations，2000，第65页）。

方是报销享受还是非市场性医疗服务的直接提供，均可视为实物社会转移，合计为 159.87（123.08+26.13+10.66）亿元；至于对养老保险与失业保险的补助应属于现金社会福利，与行政事业单位离退休支出和补充全国社会保障基金一样为收入再分配账户的核算内容。

2. 社会救济福利

社会福利机构向孤、老、残、幼等人群提供服务，包括社会福利院、儿童福利院、精神病人福利院、敬老院、优抚医院和社区服务中心等。无论是儿童福利①、老年人福利还是假肢矫形、殡葬和其他社会福利均为实物社会转移，合计为 415.28 亿元。类似地，将残疾人事业支出（145.85 亿元）扣除行政运行（27.59 亿元）、一般行政管理事务（2.68 亿元）和机关服务（1.15 亿元）支出之后，余额 114.43 亿元也为实物社会转移。

最低生活保障向贫困人口提供一定数额的现金资助，因此，无论是城市居民还是农村居民的最低生活保障均为现金转移；但其他城市生活救助（84.10 亿元）是实物社会转移，例如，流浪乞讨人员救助（34.99 亿元）和其他城市生活救助支出（49.12 亿元）包括为救助对象提供食宿、突发疾病的救治、与其亲属或所在单位联系以及提供返乡交通服务等。其他农村生活救助（256.29 亿元）主要是指农村"五保"供养，按照《农村五保供养工作条例》的规定，供养内容包括粮油副食品和生活用燃料、服装被褥等生活用品与零用钱、住房、疾病治疗、生活照料、义务教育以及丧葬事宜等，因此，农村"五保"供养（164.03 亿元）和其他农村生活救助（92.26 亿元）也属于实物社会转移。

还需注意的是，政府向灾民提供的自然灾害生活救助。按国务院《自然灾害救助条例（2010）》的规定，自然灾害救助主要包括发布应对和防范措施；紧急转移与安置受灾人员；向遇灾人员提供吃穿住医等生活救助。然而自然灾害救助既包括向灾民提供消费物的支出也涉及灾后重建的资本性支出，因此，除灾后重建补助（55.66 亿元）之外，其余部分（154.81 亿元）均为实物社会转移。此外，道路交通事故社会救助基金属于社会专项基金，主要用于道路交通事故中受害人人身伤亡的丧葬

---

① 按照《中华人民共和国未成年人保护法》的规定，中国儿童福利包括儿童医疗保健设施和服务、儿童的活动场所和条件、普及义务教育、儿童的日常生活保障，等等。

费用、部分或全部抢救费用的垫付。一旦抢救费用超过交强险责任限额或肇事机动车未参加交强险以及机动车肇事后逃逸等情形出现时，将动用这一基金。由此可见，补充道路交通事故社会救助基金（6.01 亿元）也属于实物社会转移。

3. 就业安置

就业补助中的相当部分为实物形式，例如，扶持公共就业服务（36.92 亿元）涉及就业政策法规咨询、职业供求等信息发布、职业指导和职业介绍以及对就业困难人员实施就业援助等，并且特别规定免费提供，因而属于实物社会转移。类似地，职业技能鉴定补贴（1.23 亿元）、职业培训补贴（42.73 亿元）、职业介绍补贴（7.11 亿元）、高技能人才培养补助（6.54 亿元）和求职补贴（0.84 亿元）分别提供了培训和职业介绍服务。以江西省就业扶贫政策为例，凡参加培训且取得职业资格的农村贫困劳动力，政府提供 500 元/人的一次性求职补贴；首次参加职业技能鉴定且取得相应证书的人员，按国家和省规定的鉴定收费标准的70%给予补助，最低不少于 220 元/人，以上补贴均相当于对就业培训服务的支付。此外，培训补贴是指职业（技工）院校以顶岗实习或校企合作等方式，培训扶贫对象，并依据专业、成本和期限等情况，给予院校300~1000 元/人的培训补贴[1]，类似于政府出钱由企业进行培训，或说政府购买了培训服务而后提供给个别住户，因此，属于实物社会转移，以上合计为 95.37 亿元。

除此之外，退役安置的对象包括退伍义务兵、转业复员士官、复员干部与伤病残士兵。尽管退役安置的内容十分庞杂，但主要包括就业介绍、教育和培训以及福利保障。按照功能分类的规定，如果一笔支出涉及多项功能且无法分解时可按主要支出归类，故将退役安置支出（473.77 亿元）归属实物社会转移。

综合可得，社会保障与就业类实物社会转移为 1759.93 亿元。

（四）医疗卫生与计划生育

1. 医疗卫生

医疗卫生包括公立医院（1371.05 亿元）、基层医疗卫生机构

---

① 江西就业扶贫出政策 个人求职创业等均有补助［EB/OL］.中国新闻网，http：//www.jx.chinanews.com/news/2017/1107/13938.html.

（937.95 亿元）、公共卫生（1314.14 亿元）、医疗保障（4835.17 亿元）和中医药（24.35 亿元）共五个部分，其中，公立医院支出中包括了 0.74 亿元的处理医疗欠费支出，属于资本转移予以扣除；而医疗保障与财政对基本医疗保险基金的补助合计构成了完整的医疗保障支出。以上综合为 8481.92 亿元。

2. 计划生育

按照《计划生育法》第二十一条的规定：育龄夫妇免费享受国家规定的计划生育技术服务。涉及实物社会转移的部分包括计划生育生殖健康促进工程支出（27.10 亿元）、计划生育免费基本技术服务（32.81 亿元）、计划生育避孕药具经费（8.84 亿元）、人口和计划生育宣传教育经费（26.56 亿元）及流动人口计划生育管理和服务（16.37 亿元），合计为 111.68 亿元。

至于食品和药品监督管理事务，包括起草食品安全、药品、医疗器械、化妆品监督管理的法律法规草案，拟订政策规划，制定部门规章和行业标准等，属于一般性事务而予以剔除。以上两项和未另分类的其他医疗卫生与计划生育支出（333.11 亿元）合计为 8926.71 亿元，再加上援助其他地区的医疗卫生支出 5.02 亿元，可得医疗卫生与计划生育类实物社会转移为 8931.73 亿元。

（五）住房保障

1. 廉租住房

对比廉租住房与经济适用房可知，经济适用房为新建住房且用于出售；而廉租住房还包括空置楼盘、改造危房和老旧公房等房源，面向城市特困人口出租，仅收取象征性的房租。因此，廉租住房以无经济意义的价格向住户提供住房服务，其支出 175.59 亿元属于实物社会转移。

2. 公共租赁住房

公共租赁住房属于政府资产，政府按低于市场价的价格或根据租房者能够担负得起的价格向住房困难人群出租。因此，公共租赁住房支出（715.11 亿元）与保障性住房租金补贴（51.01 亿元）均属实物社会转移，合计为 766.12 亿元。

3. 提租补贴

提租补贴（53.92 亿元）是对住房在规定标准以内的低收入职工家庭，符合当地市（县）级以上人民政府规定的租金补助条件的补贴。这种补贴针对的住房租金，若由政府支付则应为实物社会转移。

需要注意的是，诸如沉陷区治理、棚户区改造和其他保障性安居工程支出并非用于住房服务而属于资本形成，因此排除。将以上三项合计再加上援助其他地区的住房保障支出（12.05 亿元）可得住房保障类实物社会转移 1007.68 亿元。

（六）其他实物社会转移

还有一些政府支出包含实物社会转移，例如，对外援助（184.58 亿元）中的对外医疗援助、拥军优属（23.43 亿元）中的优属支出。在农林水支出中，灾害救助（37.22 亿元）和农村公益事业（302.38 亿元）部分涉及实物社会转移，例如，农村公益事业包括拥军优属、救灾救济与扶贫、义务与扫盲教育、合作医疗和文化娱乐等。在能源管理事务中，按照《三峡库区移民专项资金征收使用管理办法》（财企〔2004〕43 号）第八条的规定："专项资金专项用于解决搬迁后的三峡库区移民因突发性自然灾害而导致的生产、生活方面的困难以及部分移民生活方面的特殊困难"，因而三峡库区移民专项支出（0.24 亿元）也包括了一些实物社会转移。此外，计划生育家庭奖励的对象包括独生子女家庭和农村放弃政策内二孩生育的家庭，但对农村独生子女家庭和计划生育二女家庭还会实施一些优惠政策，例如，子女学前教育入学优先和适度减免费用、扶贫开发帮扶标准的提高等，也涵盖了一些实物社会转移。

正如前述，一些项目如家电下乡补贴、汽车节能补贴、以旧换新补贴和高速公路节假日免费通行等也属于实物社会转移。例如，节假日高速免费政策是指重大节假日期间免收小型客车的通行费，相当于住户免费获取了高速公路通行服务；对于完全国有的高速公路，意味着这一通行服务由政府提供，应归属实物社会转移。但令人遗憾的是，上述项目或缺乏细分数据，或无法获取 2014 年的资料，因此，没有纳入核算。

中国国民核算体系（CSNA2016）实际上将 NPISH 部门分为三个部分，宗教组织、社交文化娱乐和体育俱乐部、慈善救济援助组织（国家

统计局，2016，第 9~10 页）。然而，NPISH 部门实物社会转移的数据非常匮乏，依据民政部《2014 年社会服务发展统计公报》（以下简称公报）可以获取各类成员组织的数量：

其一，社会团体。文化类 30101 个，体育类 20848 个，宗教类 4898 个。

其二，基金会。公募基金会 1470 个，非公募基金会 2610 个，涉外基金会 9 个，境外基金会代表机构 28 个。

其三，民办非企业单位。文化类 14148 个，体育类 11901 个，宗教类 82 个。

尽管公报指出 2014 年社会组织实现增加值 638.6 亿元，占第三产业增加值的 0.21%，但未展示与 NPISH 相近组织的详细资料。至于慈善类 NPISH，公报指出 2014 年各地共接收社会捐赠款物 604.4 亿元，其中，民政部门直接接收捐款 79.6 亿元，社会组织接收 524.9 亿元；全年接收捐赠衣被 5244.5 万件，价值 8 亿元；全年受益对象为 1694.9 万人次，在社会服务领域共有 1095.9 万人次提供了 2711.1 万小时的志愿劳动。然而，通过公开资料无法弄清上述 NPISH 向住户提供了多少实物社会转移，甚至不知道其支出资料，这一点甚至不如政府的支出决算表，例如，红十字会的事业支出为 15.76 亿元。由此可知，依据现有资料无法测算 NPISH 部门的实物社会转移，更确切地说尚无办法从政府部门分离出 NPISH 的实物社会转移。

（七）总量测度

汇总以上各分量，2014 年中国政府部门（含 NPISH）支付的实物社会转移不会低于 34684.31 亿元（见表 4-11）。根据中国统计年鉴（2015）的"支出法国内生产总值及其构成"，2014 年中国住户的最终消费支出为 242927.5 亿元（当年价格）；如果不考虑从国外获取的实物社会转移，则中国住户部门的实际最终消费至少为 277592.71（242927.5+34684.31-19.10）亿元，其中，实物社会转移占 12.49%。将中国住户部门得到的实物社会转移（34684.31-19.10）与住户最终消费支出对比得 14.27 元：100 元，即当年中国住户每获得 114.27 元的消费物当中就有 14.27 元来自政府和 NPISH 提供。

表 4-11　2014 年中国政府部门实物社会转移的总量及构成

领域	实物社会转移	
	总量（亿元）	构成（%）
教育	21142.59	60.96
文化与体育	1842.38	5.31
社会保障与就业	1759.93	5.07
医疗卫生与计划生育	8931.73	25.75
住房保障	1007.68	2.91
合计	34684.31	100

按照同样的思路，利用 2015 年、2016 年的中国支出决算表，进一步测算了两个年度中国政府部门（含 NPISH）支付的实物社会转移（见表 4-12）。与 2014 年相比，后续两个年度的核算由于数据变化而存在一些不同之处。

表 4-12　2014~2016 年中国政府部门的实物社会转移

领域	实物社会转移（亿元）		
	2014 年	2015 年	2016 年
教育	21142.59	24233.34	26041.88
文化与体育	1842.38	2013.69	2112.68
社会保障与就业	1759.93	2346.77	2512.31
医疗卫生与计划生育	8931.73	10698.28	11902.63
住房保障	1007.68	892.44	863.55
合计	34684.31	40184.52	43433.05

1. 社会保障与就业

支出决算表从 2015 年开始引入"临时救助支出"。按照国务院《关于全面建立临时救助制度的通知（2014）》精神，临时救助的对象是遭遇突发不测事件且其他社会救助制度暂未覆盖的家庭或个人，所给予的救助是应急性和过渡性的；救助资金主要由地方政府负责，中央财政予以补助，同时鼓励和支持民间组织积极参与，建立基金或提供志愿服务。由此可知，临时救助服务的提供者为政府和非营利机构，接受方为住户，完全符合实物社会转移的定义规定。

2. 医疗卫生与计划生育

从 2015 年开始，人口与计划生育的支出流量被大幅度删减，仅计划生育服务属于实物社会转移。

3. 文化与体育

不同于 2014~2015 年，首先，2016 年的支出决算表将"其他广播影视支出"和"其他新闻出版支出"合并为"其他新闻出版广播影视支出"。核算时以 2015 年的"其他广播影视支出"（174.05 亿元）和"其他新闻出版支出"（23.16 亿元）为基础，得"其他广播影视支出"所占份额为 88.26%；其次对 2016 年数据（177.67 亿元）进行分解，得"其他广播影视支出"的估算数为 156.80 亿元。

四、建议

通过试算，大体描述了政府部门（含 NPISH）对住户消费的贡献，不仅显示了教育和医疗在中国实物社会转移中的主导地位，也有利于增强住户收入和消费在不同国家与不同时期的可比性。由于资料所限，无法单独测算 NPISH 部门的实物社会转移，也未实施扩展核算，再加上一些领域实物社会转移与经常转移的区分困难等，致使试算采取审慎性原则，由于资料所限而无法判定时暂不计入，故给出的是下限估算结果。

如欲完善实物社会转移核算，尚需解决以下问题：一是增加 NPISH 部门较为详细的支出资料，并以 COPNI 为基础建立其功能分类；二是进一步修订《支出功能分类科目》，使之与 COFOG 保持一致，同时将个人服务标注出来，以方便相关调查的实施，也可减轻核算工作量；三是除了功能分类之外，还应展示实物社会转移在不同人群的分布，尤其是城乡间的分布状况，并在全国年度统计公报中发布实物社会转移、调整后可支配收入和实际最终消费，如此不仅有利于政策和规划的制定，也可检测其实施效果，例如，政府在改善民生方面的作用，检测中国收入分配与福利政策的影响。

第五章
中国非营利机构卫星账户
——长表

作为卫星账户的编制起点，短表仍然建立在 SNA 中心框架的基础之上，尚未显示非营利机构的独特特征——市场非营利机构的非市场生产和志愿劳动。此外，非营利机构特别关注自己的收入，尤其是来自政府的合约与资助。上述特征和细节反映了非营利机构的生产和收入特点，体现了政府、企业和住户部门对非营利经济的贡献，并对经济总体产生了深远的影响。本章重点研究"附加的价值变量"（Additional Monetary Variables）核算，同时探讨如何将其纳入卫星账户。

第一节　政府支付核算

一般来说，尽管企业通过市场获得销售收入，政府经由税收取得转移收入，但许多非营利机构缺乏持续稳定的收入来源，更多地依赖政府资助与合约。尽管非营利机构的收入渠道也包括市场销售和社会捐赠，但来自政府的收入仍然占据了相当的份额，再加上一些非营利机构代行了部分政府职能，也可得到政府"报酬"①，导致卫星账户将"政府支付"（Detail on Government Payments）纳入了核算范围。从某种角度来看，SNA2008 也肯定了政府支付核算的重要性，例如，非营利机构"可能会获得与出售产出相等或更多的经常转移"（联合国等，2008，第 23.11 段），而其中相当部分来自政府。

---

① 志愿失灵理论实际上是卫星账户核算政府支付的理论依据。该理论认为，政府出资或授权而由其他组织来提供服务是一种较好的合作治理方式，这里的"其他组织"一般为非营利机构。

在卫星账户中，表Ⅱ.2（按非营利机构类型分类的收入来源，见表5-1）详尽展示了非营利部门的各类收入（联合国，2003，第82页）。表的主词按"非营利组织国际分类"（ICNPO）对非营利机构进行分组，宾词包括"服务销售收入"、"赠款、补助和捐款"（Gifts, Grants and Contributions）、"财产收入"和"其他收入"四个收入分量，显示了文化和娱乐、教育和研究、卫生保健等产业的非营利机构所获取的收入。其中，"服务销售收入"被划分为政府、私人（公司和住户部门）与国外三个来源，"赠款、补助和捐款"来源于政府、私人慈善和国外①三个渠道，只需将来自政府的"服务销售收入""赠款、补助和捐款""财产收入"与"其他收入"合计即为政府支付。由此可知，卫星账户设置政府支付这一流量的目的仅仅是测度非营利机构收入的政府来源和细节，并未刻意区分收入的性质。例如，"赠款、补助和捐款"涉及补助金、津贴和出资等分量，属于经常转移和资本转移，而财产收入归属初次分配收入等。

表5-1　按非营利机构类型分类的收入来源

ICNPO 分类	总收入	服务销售收入	赠款、补助和捐款	财产收入	其他收入
总计					
文化和娱乐					
教育和研究					
卫生保健					
社会服务					
环境					
发展和住房					
法律、倡议和政治					
慈善中介和志愿促进					
国际					
宗教					
商业和专业协会、工会					
其他					

资料来源：United Nations. Haudbook on Non-profit Institutious in the Systell of National Accounts [M]. New York，2003：140.

---

① 与《手册》英文版对照，中文译本将来自国外的服务销售收入与来自国外的"赠款、补助和捐款"译成了"付给工作人员报酬"和"来自工作人员报酬"，原因在于将"ROW——The rest of the world"（国外）理解为"工作报酬"（《手册》中文版第82页与《手册》英文版第104页）。

一、服务销售收入

即政府自非营利机构购买服务所做的支付。从理论上来看，非营利机构可出现于任何产业领域，也有可能生产并销售货物，只是就当前实际而言所占据的产出份额非常小，但仍应将"服务销售收入"修改为"销售收入"，同时将货物销售归入 ICNPO 中的"其他"。

政府对非营利货物与服务的购买支付包括直接支付和第三方支付，前者指政府向非营利机构直接购买，后者是非营利机构将货物与服务提供给住户，最终由政府埋单。从国民核算中心框架的角度来看，第三方支付应被分解为两笔交易：政府向住户提供转移收入，之后住户购入非营利机构所生产的货物或服务，如此可确保生产、收入分配与使用核算的一致性。但《手册》认为，第三方支付是"政府对住户的间接付款"（联合国，2003，第 4.27 段），实际上将其视作非营利机构获取的销售收入，即政府向非营利机构购买了货物与服务，然后提供给住户享用，与实物社会转移的核算处理非常相似。因此，第三方支付属于非营利机构的产出，在生产账户中归入"市场产出"（P.11）且被标注列出[①]（联合国等，2003，第 34 页）。

二、赠款、补助和捐款

虽然卫星账户设置了"赠款、补助和捐款"这一流量，但未给出定义解释和测度范围。观察《手册》的"核心价值变量"，发现"赠款、补助和捐款"在收支渠道上与"其他经常转移"和"资本转移"完全相同（联合国，2003，表 T4.1 和第 4.15 段），意味着"赠款、补助和捐款"就是"其他经常转移"和"资本转移"之和，而这些转移与非营利机构的收入和积累密切相关（详见第四章第一节）。

卫星账户对来自私人慈善的"赠款、补助和捐款"进行了细分（联合国，2003，第 82 页表Ⅱ.2）：首先，依据 SNA1993 的规则核算非营利机构获取的其他经常转移和资本转移，得"赠款、补助和捐款"（变量Ⅰ）；其次，将市场非营利机构的非市场生产中所获取的"赠款、补助和

[①] 相对而言，非营利机构的产出形式多样，包括市场产出（P.11）、供自身最终使用的产出（P.12）、其他非市场产出（P.13）和市场非营利机构的非市场产出。

捐款"添加进去（变量Ⅱ）；最后，再加入志愿劳动的虚拟报酬（变量Ⅲ）。由于"赠款、补助和捐款"有三种变量形式，致使非营利机构的总收入同样具有三种变量形式，因为：

总收入（变量Ⅰ、变量Ⅱ和变量Ⅲ）= 销售收入+赠款、补助和捐款（变量Ⅰ、变量Ⅱ和变量Ⅲ）+财产收入+其他收入

如此处理的原因在于，SNA1993 中心框架没有核算市场非营利机构的非市场产出和志愿劳动的虚拟报酬，而卫星账户进行了扩展；但这一扩展对政府支付没有影响，因为市场非营利机构生产非市场产出的成本一般由慈善捐款和其他转移所弥补，如果慈善捐款和其他转移来自政府，则应归入来自政府而非私人慈善的"赠款、补助和捐款"，因此，对政府支付而言，变量Ⅰ和变量Ⅱ没有差别。至于志愿劳动的虚拟报酬，是住户部门的转移支出，与政府支付无关，意味着政府支付的变量Ⅱ和变量Ⅲ也没有区别。不过，如果测算非营利机构来自私人部门的收入，则三种变量形式的数据是存在差异的。

三、中国政府支付核算

财政支出是政府支付核算的重要数据来源。依据支付与所得是否对等，可将财政支出区分为购买性支出和转移性支出，前者是政府采购货物与服务的支出，包括经常性支出和资本性支出；后者是政府将财政资金无偿转移给其他机构单位，其主体为社会保障资金和财政补贴。可以推测：如果政府购买非营利机构生产的货物与服务，该购买性支出即为政府支付中的销售收入；如果转移性支出的接收方为非营利机构，那么形成政府支付中的"赠款、补助和捐款"。核算中应特别关注政府对非营利性事业单位、社会组织和宗教场所的支付，例如，地质勘探费用、农林水利气象等部门的事业费用、文教科学卫生事业费和行政管理费（包括党派团体补助支出）等，均包括了政府支付，甚至还应包括政府对非营利机构的税收豁免和税收优惠。

由于政府部门被区分为多个层级，因此，为避免重复计算，应分别测度中央政府、省级政府和地方政府向非营利机构提供的"赠款、补助和捐款"，最终进行汇总，如此还能分别获取中央、省和地方政府的支付分量与份额。除此之外，还有可能出现同级政府之间的转移，例如，经济发达地区对欠发达地区的"赠款、补助和捐款"，同样应该从非营利机

构接受方入手核算。在核算过程中还有可能遇到以下问题：非营利机构利用政府资助生产货物与服务，进而出售给政府，意味着非营利机构在获得"赠款、补助和捐款"的同时还得到了销售收入，应该全部计入政府支付。

第二节 市场非营利机构的非市场产出核算

一、核算方法

尽管市场非营利机构以显著经济意义的价格处置其全部或大部分产出，但若市场销售收入未能弥补全部成本时就应核算非市场产出。《手册》推荐的核算方法是：如果成本大于销售收入，则两者之间的差额为非市场产出；若成本小于销售收入，则认为非市场产出为 0。与《手册》思路略有不同的是，SNA2008 在第 23 章（非营利机构）中将市场非营利机构分为两类，以详细探讨核算方法。

（一）**SNA2008 的核算设想**

1. 从事多种不同活动的市场非营利机构

该类非营利机构所从事的多种不同活动有可能呈现以下组合态势：一些活动的产出属于市场产出，以显著经济意义的价格出售；一些活动的产出为非市场产出，免费或以无经济意义的价格提供；还有一些活动的产出，兼具市场和非市场产出的特性；但该非营利机构的市场销售收入弥补了平均生产成本的一半以上，符合"50%准则"而归属市场非营利机构。SNA2008 指出："尽管两种类型的活动不能分配到单独的机构单位中，但可以为其区分出单独的基层单位。"（联合国等，2008，第 23.32 段）也就是说，只能将非营利机构划分为"市场非营利机构"或"非市场非营利机构"，不存在所谓的"市场与非市场非营利机构"。从理论上看，有可能出现市场与非市场活动各占一半的非营利机构，是否归类为市场非营利机构仍然取决于销售收入能否弥补一半以上的生产成本。

SNA2008 认为，对于从事多种不同活动的市场非营利机构，如果某种活动同时以市场和非市场的方式提供，则可将该类活动区分为两个单

独的基层单位：从事市场生产的基层单位，以销售收入为基础测算市场产出；从事非市场生产的基层单位，以成本测度非市场产出，这种对市场非营利机构进行基层单位划分再分别测算产出的方法即为《手册》中的"分离法"（Separation Method）。

2. 只从事一种活动的市场非营利机构

如果市场非营利机构只从事一种活动，且其销售收入弥补了 50% 以上的成本，则成本与销售收入之间的差额即为市场非营利机构的非市场产出，这种核算方法就是《手册》推崇的"简化法"（Simplified Procedure）。实践中，成本与销售收入之间的差额一般由捐赠来弥补，SNA2008 将非资本类捐赠处理为经常转移（联合国等，2008，第 23.10 段），但又同时指出，卫星账户在市场非营利机构的非市场产出核算时将非资本类捐赠视作补贴（联合国等，2008，第 23.33 段），即归入生产税净额，或可理解为此类捐赠源自对产出的需求。然而，查阅《手册》文本，并未发现类似的表述，故可认为是 SNA2008 对《手册》的补充和完善。

如果将非资本类捐赠处理为经常转移，影响的是可支配收入；如果视作补贴，则转化为成本（中间消耗+固定资本消耗+雇员报酬+生产税净额）的一部分，并因补贴的负数效应而实际缩小了市场非营利机构的成本；还可做类似推断，包括志愿劳动之后的"完整"成本，即将志愿劳动的虚拟报酬加入雇员报酬之后的成本，只有与市场销售收入进行对比，才能准确判断市场非营利机构是否生产了非市场产出。SNA2008 认为，如此测算的"成本"才是市场非营利机构的"真实成本"（联合国等，2008，第 23.33 段），当"真实成本"大于销售收入时，两者之间的差额才是市场非营利机构的非市场产出。应该注意的是，补贴是政府部门依据企业生产、销售或进口等经济活动所提供的经常性无偿支付（联合国等，2008，第 7.98 段），而捐赠既有可能是政府行为，也有可能是其他机构部门提供的，SNA2008没有将补贴局限于政府部门，目的在于尽可能全面地还原市场非营利机构的真实成本。

（二）方法评析

SNA2008 认为，"分离法"与"简化法"适用于不同的市场非营利机构，例如，从事多种不同活动的市场非营利机构应该使用"分离法"，仅从事一种活动的市场非营利机构可采取"简化法"。从理论上看，无论市场非营利机构生产了多少种产出，总可以将其归纳为市场和非市场产出；即便仅从事一种活动，如果提供了非市场产出，那么可将该市场非营利机构划分为从事市场活动的基层单位和从事非市场活动的基层单位。按照 SNA 的核算规则，可以判定"分离法"始终是正确的，也是《手册》将其称作"理想法"的原因，而考察"简化法"的正确性就成为市场非营利机构的非市场产出核算所需解决的重要问题。

假定某市场非营利机构从事了一种服务活动，其中大部分服务以显著经济意义的价格销售，也即该市场非营利机构同时提供了市场与非市场产出（见表5-2）。其中，市场产出的成本为 69（18+45+0+6），非市场产出的成本为 22（7+14+0+1），总成本为 91。假定市场产出的销售收入为 69，非市场产出免费提供，则该市场非营利机构的销售收入为 69，成本为 91，属于成本大于销售收入的市场非营利机构。按照"分离法"，市场产出以销售收入核算（69），非市场产出依据成本核算（22），合计为总产出（91）；按照"简化法"，市场产出以销售收入替代（69），然后将成本与销售收入之间的差额（91-69）作为非市场产出（22），合计得总产出（91）。由此可知，当成本大于销售收入时，非市场产出免费提供，并且当市场产出的净营业盈余为 0 时，市场非营利机构的总产出实际上就是总成本（李海东，2007），两种方法的核算结果相同。

表5-2　成本大于销售收入的市场非营利机构

	市场产出	非市场产出	简化法	分离法
中间消耗	18	7	25	25
增加值	51	15	66	66
其中：雇员报酬	45	14	59	59
其他生产税	0	0	0	0
固定资本消耗	6	1	7	7
净营业盈余	0	0	0	0
销售收入	69	0	69	69
是否调整	—	—	91-69＝22	否
产出	69	22	91	69+22＝91

与 SNA1993 相同，SNA2008 将非市场产出的价值界定为中间消耗、雇员报酬、固定资本消耗和其他生产税减补贴之和，即净营业盈余为 0（联合国等，2008，第 6. 130 段）。无论非市场产出是免费或以无经济意义的价格提供，其市场销售均只能弥补部分成本，如果市场销售收入超过成本一半则被处理为市场产出而与本书无关，那么意味着非市场产出仅以成本估算价值，无论其是否获得销售收入，而衡量"简化法"是否正确仅需关注市场产出的净营业盈余即可。

如果表 5-2 中市场产出的净营业盈余不为 0，"简化法"是否仍然正确？假定市场产出的净营业盈余为 5，则市场销售收入为 74（18+45+0+6+5），市场产出也为 74。如果按"简化法"，则由于成本（91）大于销售收入（74），因而调整额转化为 17（91-74），总产出仍为 91（74+17）。尽管总产出不变，但分量发生了变动，例如，市场产出上升至 74，非市场产出下降为 17。如果按"分离法"，则总产出等于市场产出（74）加上非市场产出（22），结果为 96，比"简化法"的核算结果要高，说明"简化法"出现了低估。

再假定市场产出的净营业盈余正好为 22，与非市场产出的成本相同，此时市场产出的销售收入为 91。尽管《手册》没有提及如何处理，但如果按"简化法"测算，则调整额为 0（91-91），意味着市场非营利机构的产出无论是按成本还是按销售收入计算结果均相同，只是其市场产出为 91，非市场产出为 0；如果按"分离法"核算，总产出等于市场产出（91）加上非市场产出（22），结果为 113，"简化法"同样出现了低估。

反之，如果市场产出的净营业盈余为 23，超过了非市场产出的成本（22），进而导致成本（91）小于销售收入（92）（见表 5-3）。按照《手册》规则，非市场产出推定为 0（联合国，2003，第 4. 79 段），该市场非营利机构的产出仅由市场产出构成或说产出等于销售收入（92）。然而，实际情况并非如此，真实的产出应该是 114（=92+22）。

表 5-3 　成本小于销售收入的市场非营利机构

	市场产出	非市场产出	简化法	分离法
中间消耗	18	7	25	25

	市场产出	非市场产出	简化法	分离法
增加值	74	15	67	89
其中：雇员报酬	45	14	59	59
其他生产税	0	0	0	0
固定资本消耗	6	1	7	7
净营业盈余	23	0	1	23
销售收入	92	0	92	92
是否调整	—	—	否	否
产出	92	22	92	92+22=114

综合来看，"简化法"的基本思想是：当成本大于销售收入时，判定市场非营利机构生产了非市场产出，其总产出＝销售收入＋(成本−销售收入)＝成本；当成本小于销售收入时，判定市场非营利机构没有生产非市场产出，此时总产出等于销售收入（李海东，2007）。由此可知，"简化法"的核算结果取决于成本与销售收入的比较，可以简单地理解为"谁更大谁就是总产出"。与"分离法"核算结果相比，"简化法"是一种下限测度，可能低估总产出，并导致分量数据的不准确，但相对 SNA 完全忽视市场非营利机构的非市场产出来说又是一种改进，部分弥补了 SNA 的不足。否则，如果仅以销售收入衡量市场非营利机构的产出，势必会出现更严重的低估，在表5-2中，按销售收入测算的市场非营利机构的总产出仅为 69。

对比可知，"分离法"能够导出正确的结果，但需对市场非营利机构及产出和成本进行分解，同时不能将非市场产出可能获得的销售收入与市场产出对应的销售收入混淆在一起。"简化法"无须对市场非营利机构进行拆分，核算工作量较小，但可能出现低估；如果能够将市场产出中的净营业盈余分离出来，则可确保核算结果的正确性。因此，如果能分解市场非营利机构且可获取翔实的数据，建议使用"分离法"；由于数据原因而不得不使用"简化法"时，必须注意的是核算结果仅仅是一个下限估算。

二、中国市场非营利医疗机构的非市场产出试算

在 SNA2008 中，为住户服务的市场非营利机构包括教育和医疗机构，现以医疗机构为例测算市场非营利机构的非市场产出。

　　中国医疗机构依据登记注册类型的不同可分为公立、非公立医疗卫生机构，按分类管理的不同又可划分为非营利性和营利性医疗卫生机构。根据中国《医院财务制度（2012）》第三条的规定，公立医院是非营利公益性事业单位，加之《中国医疗卫生统计年鉴（2013）》中三级公立医院的收支资料较为翔实（见表5-4），其全面与详细程度远远超过了非营利性医院[①]，故以公立医院为研究对象，核算医疗卫生服务的非市场产出，次要活动不予考虑。

表5-4　2012年中国三级公立医院的收入与支出

指标＼医院类型	三级医院	二级医院	一级医院
机构数（个）	1545	5941	2702
平均每所医院总收入（万元）	55321	8363	1013
1. 医疗收入	50162[②]	7412	821
（1）门诊收入	16719	2675	427
（2）住院收入	33443	4737	394
2. 财政补助收入	3772	785	147
3. 科教项目收入	390	7	1
4. 其他收入	997	159	44
平均每所医院总费用（万元）	52603	8003	977
1. 医疗业务成本	43272	6329	675
2. 财政项目补助支出	1835	262	46
3. 科教项目支出	286	12	1
4. 管理费用	6241	1120	106
5. 其他支出	969	279	150

　　资料来源：卫生部统计信息中心 . 2013 中国卫生统计年鉴［EB/OL］. http//www. nhc. gov. cn/html/files/zwgkzt/ptinj/yearzob/index2013. html.

（一）医疗卫生服务的销售收入

　　由表5-5可知，医院的收入包括医疗收入、财政补助收入、科教项目收入和其他收入四个分项，其中，医疗收入是医院向门诊和住院病人

────────────

　　① 《中国医疗卫生统计年鉴（2013）》仅列示了营利性医院与非营利性医院的"医院数"（表1-2-1）、"基层医疗卫生机构数"（表1-5），没有给出非营利医院的收支数据。
　　② 年鉴中给出的数据为50161万元，但将门诊收入（16719万元）和住院收入（33443万元）汇总之后的医疗收入为50162万元，进而导致平均每所医院总收入由55320万元变动至55321万元。

提供医疗卫生服务所获取的收入，包括挂号、床位、诊察、检查、化验和治疗等，属于医疗卫生服务的销售收入。

财政补助收入源于同级财政部门。显然，政策性亏损补贴属于生产补贴，公共卫生服务专项补助可理解为生产公共卫生服务这一非市场产出的投入。至于科教项目收入，如果教学项目支持本院的医疗卫生服务且不对外提供则应归属辅助活动；反之应划归次要活动投入，但不是医疗卫生服务的销售收入。

其他收入的获取或与医疗卫生服务的提供无关（如培训、食堂经营收入），或属于财产收入（如投资收益）、转移收入（如捐赠收入）及资产负债的存量变动，但不是医疗卫生服务的销售收入。按照SNA2008的规定，捐赠收入应该和政策性亏损补贴一样处理为补贴，纳入医疗卫生成本中的生产税净额。令人遗憾的是，《2013中国卫生统计年鉴》没有给出这两个流量的具体数据。

表5-5　医疗机构收入与支出指标设置

一级指标	二级指标
收入	（1）医疗收入。提供医疗服务所获得的收入，包括门诊收入和住院收入 （2）财政补助收入。包括离退休人员经费、政策性亏损补贴等基本支出补助收入和主要用于基本建设与设备购置、重点学科发展、承担政府指定公共卫生任务等项目支出补助收入 （3）科教项目收入。专门用于科研、教学项目的补助收入 （4）其他收入。除医疗和补助之外的收入，包括培训、租金、食堂、投资、财产物资盘盈、捐赠和确实无法支付的应付款项等
支出	（1）医疗业务成本。提供医疗服务所发生的支出 （2）财政项目补助支出。利用财政补助收入安排的项目支出 （3）科教项目支出。利用科教项目收入开展科研、教学活动的支出 （4）管理费用。行政及后勤管理部门为组织、管理医疗和科研、教学业务活动所发生的各项费用 （5）其他支出。除上述项目之外的支出，包括出租固定资产的折旧及维修费、食堂支出、罚没支出、捐赠支出、财产物资盘亏和毁损损失等

资料来源：财政部，卫生部．医院财务制度［EB/OL］．http://www.gov.cn/gong bao/content/2011/content-1852409.htm.

（二）医疗卫生服务的成本

与收入相似，医院的支出由医疗业务成本、财政项目补助支出、科

教项目支出、管理费用和其他支出组成。医疗业务成本包括人员费用、药品及材料耗用、固定资产折旧、无形资产摊销、医疗风险基金提取和其他费用。由此可知，医疗业务成本包括生产医疗卫生服务的中间消耗、固定资本消耗和雇员报酬，但未涉及生产税净额。

核算中需特别关注的是管理费用。按照 2012 年 1 月 1 日起实行的《医院财务制度》第四章的界定，管理费用除人员、材料、折旧和无形资产等费用之外，还包括统一管理的离退休经费、坏账损失、印花税、房产税、车船使用税、利息支出和其他公用经费等，但未考虑那些计入科教、基本建设支出的管理费用。事实上，管理费用对应 SNA 的辅助活动支出，而"辅助活动中消耗的所有投入，包括材料、人工、固定资本消耗等，都作为辅助活动所支持的主要或次要活动的投入处理"（联合国等，2008，第 5.39 段）。由于管理费用包括了其他生产税，故应将其归入医疗卫生服务提供的中间消耗和其他生产税，进而得到 SNA2008 意义上的成本（医疗业务成本+管理费用）。

（三）公立医院医疗卫生服务的非市场产出核算

由核算方法可知，完整测算医院的成本尚需补贴数据。以三级公立医院为例，其平均财政项目补助支出为 1835 万元，扣除平均离退休费 1014 万元之后的余额为 821 万元（《2013 中国卫生统计年鉴》表 4-4-2，第 122 页），用于政策性亏损补贴、基本建设和设备购置、重点学科发展以及承担政府指定的公共卫生任务四项用途。由于《2013 中国卫生统计年鉴》没有给出分量信息，因此，假定 821 万元的余额在四项用途中均匀分配，即政策性亏损补贴和公共卫生任务的专项补助均为 205.25 万元，前者按 SNA2008 的规定作为成本的减项处理，后者作为生产非市场产出的投入加至成本。如此处理之后两个分量正负抵消，则医疗服务成本仅为医疗业务成本与管理费用之和（见表 5-6）。

表 5-6　2012 年中国三级公立医院的市场与非市场产出核算

指标　　　　　医院	三级医院	二级医院	一级医院
机构数（个）	1545	5941	2702
平均每所医院的销售收入（万元）	50162	7412	821
平均每所医院的成本（万元）	49513	7449	781

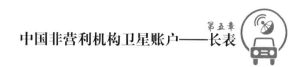

续表

指标 \ 医院	三级医院	二级医院	一级医院
医疗服务销售收入（万元）	77500290	44034692	2218342
医疗服务成本（万元）	76497585	44254509	2110262
医疗服务销售收入/医疗服务成本（%）	101.31	99.53	105.12
市场产出（万元）	77500290	44034692	2218342
非市场产出（万元）	0	219818	0

资料来源：卫生部统计信息中心.2013中国卫生统计年鉴［EB/OL］. http//www.nhc.gov.cn/html/files/zwgkzt/ptinj/yearzob/index2013.html.

观察表5-6，2012年三级、一级公立医院的销售收入不仅弥补了成本而且还有盈余。尽管二级公立医院的销售收入与成本的比值为99.53%，但可以明确的是，中国2012年的公立医院均属于市场非营利机构。由于三级和一级公立医院的销售收入都超过了成本，因此，没有提供非市场产出；而二级公立医院的销售收入小于成本，按《手册》观点生产了非市场产出，数额为219818万元（44254509-44034692）。如果以销售收入衡量各级医院的总产出为123753324万元（77500290+44034692+2218342），那么包括非市场产出的总和为123973142万元（123753324+219818），低估了0.18%。

表5-6仅考虑了2012年的情况，表5-7进一步测度2008~2012年中国公立医院的非市场产出。然而，《2013中国卫生统计年鉴》之表4-4-1（第121页）没有给出管理费用的数据，但"2012年三级公立医院收入与支出"（表4-4-2，第122页）提供了相关信息，例如，2012年平均每所公立医院的医疗业务成本为8408万元，管理费用为1317万元，占医疗业务成本的15.66%。假定管理费用占医疗业务成本的比值保持不变，以此为依据对其他年度的医疗业务成本进行调整，例如，2008年公立医院的医疗业务平均成本为4417.3万元，其管理费用为4417.3×15.66%=691.75万元，进而得到调整后的平均医疗业务成本为5109.05万元（4417.3+691.75），类似可推算2009~2011年的数据（见表5-7）。

表 5-7　2008~2012 年中国公立医院的市场与非市场产出核算

指标 ＼ 年份	2008	2009	2010	2011	2012
机构数（个）	13920	13766	13510	13180	12979
平均销售收入（万元）	4273.5	5267.4	6440.1	7878.8	9795.7
平均成本（万元）	5109.05	6211.06	7560.12	9336.42	9725
医疗服务销售收入（万元）	59487120	72511028.4	87005751	103842584	127138390.3
医疗服务成本（万元）	71117976	85501451.96	102137221.2	123054015.6	126220775
销售收入/成本（%）	83.64	84.81	85.19	84.39	100.73
市场产出（万元）	59487120	72511028.4	87005751	103842584	127138390.3
非市场产出（万元）	11630856	12990423.56	15131470.2	19211431.6	0

资料来源：卫生部统计信息中心 . 2013 中国卫生统计年鉴 ［EB/OL］. http://www.nhc.gov.cn/html/files/zwgkzt/ptinj/yearzob/index2013.html.

　　数据显示，2008~2012 年的中国公立医院一直属于市场非营利机构，其销售收入与成本的比值最低在 80% 以上，并在 2008~2011 年提供了非市场产出。在 2008~2012 年，如果按销售收入计算总产出为 449984873.7 万元，若包括非市场产出则为 508949055.06 万元，意味着如果没有核算非市场产出则将导致医疗卫生服务产出的低估，即遗漏了 11.59% 的非市场产出。不过，对比表 5-6 和表 5-7 可知，当将 2012 年公立医院分成三级医院进行核算时，其中，二级医院存在非市场产出，如果将公立医院视作一个总体进行测算时却没有提供非市场产出，充分说明市场非营利机构的非市场产出核算应该从每一个机构单位入手，条件吻合时最好使用"分离法"。即便没有机构单位的资料，如果数据分组越细，采取"简化法"所得到的核算结果也更真实一些。

第三节　志愿劳动核算

　　志愿劳动是一种"可再生资源"，通常聚焦于社会和环境等问题，其规模和贡献也越来越大。与其他机构类型相比，非营利机构更依赖赠与（Giving）和志愿劳动（Volunteer labour），并在志愿劳动的利用频率和价值方面远远超过了赠与①；即便是保守的估计，志愿时间的捐献价值也接近赠与的两倍（ILO，2011），再加上志愿活动显著影响着非营利机构的生产能力和住户部门的消费水平，致使《手册》强烈要求将其纳入卫星账户。可以预见的是，通过核算能够了解志愿劳动的规模、参与者的特征、动力和生产率的变动，进而拟定科学合理的劳动力市场和其他社会政策。本节以现有理论和实践为基础，较为系统地探讨志愿劳动的概念、分类与核算方法及中国志愿劳动的虚拟报酬核算问题。

一、志愿劳动的概念

在卫星账户中，志愿活动（Volunteering）包括赠与和志愿劳动。赠与是金钱或实物的志愿捐赠，是一种特殊的转移。一般而言，转移可能发生在所有机构类型之间，但赠与的接受方仅限于非营利机构，而不论其归属于SNA2008中的哪一机构部门。按是否付酬可将所有的劳动划分为付酬与未付酬劳动，其中，未付酬劳动又可区分为住户无酬家务劳动和志愿劳动，后者是住户时间的志愿奉献。

归纳ILO（2011）和《手册》所给出的定义（见表5-8），可知志愿劳动应符合以下三项特征。②

（一）可替代性

志愿劳动又被称为志愿工作，而"工作的目的在于满足他人或自己的福利，能够由他人实施，并达到希望的结果"（United Nations，1997，第8页），说明志愿劳动是一种可替代的人类活动。以上区分标准即为著名的"第三方准则"（Third Person Criterion），据此可将志愿劳动与个人活动（Personal Activities）区分开来。

按照United Nations（1997）的界定，个人活动可分为三个类别：

其一，个人关照、宗教及个人维持（Personal Care，Religion and

---

① 不同于赠与，通过劳动志愿者能够获取技能，扩大人际交往，观察机构单位的运作，因而更倾向于参加志愿劳动而不是提供赠与（Eleanor Brown，1999）。

② 也有一些学者的提法不同，但含义大体相同，如Cnaan、Handy和Wadsworth（1996）提出了界定志愿者的四个维度：一是参与志愿活动的自由选择的程度；二是获得回报的程度；三是行动背景是组织的而不是非正规的程度；四是从个人范围的中心到行动受益方的距离（转引自Eleanor Brown，1999）。实际上，上述四个维度分别对应了志愿性和无偿性，甚至还区分了正式和非正式的志愿活动，仅仅没有将可替代性纳入定义范畴。

Personal Maintenance)。

其二，社交、艺术、体育和文化、媒体使用（Social，Arts，Sports and Culture，Media use）。

其三，教育、培训和研究（Education，Training and Study）。

表5-8　不同学者和机构对志愿劳动的定义

学者或机构	定义
National Centre for Social Research and the Institute for Volunteering Research，2007	花费时间从事未付酬的任何活动，使个人、群体（直系亲属除外）或环境受益
Bjarne Ibsen，1992	为非营利机构实施的未付酬工作
Statistics Canada，2006	为慈善或其他非营利组织提供未付酬服务的人，包括提供给学校、宗教团体、体育或社区协会的任何无酬帮助
U. S. Bureau of Labor Statistics，2008	实施未付酬志愿活动的人……通过某一组织或为了某一组织
Butcher，2010	人们所实施的出于自由意愿的工作，需投入时间或服务，服务于他人或某项非营利导向的事业，未获取现金或实物回报
Estonian Ministry of the Interior，2006	出于自由意愿，没有回报的时间、精力或技能的奉献，志愿帮助他人或服务于公众和社会利益，对个人家庭的帮助不能视作志愿活动
联合国，2003	没有金钱报酬的工作或为居住在志愿者本人的住户之外的人应尽的法律义务
ILO，2011	未付酬非强制的工作，不以回报为目的，将时间投入某一组织所实施的活动中，或直接为本住户之外的其他人群提供服务

资料来源：联合国. 国民账户体系非营利机构手册（2003）［M］. 纽约，2005.

前两个类别虽然是 SNA2008 中的"基本的人类活动"，但范围更宽，涉及生理需求（如吃饭、喝水和睡眠等）与心理需求（如宗教实践及咨询等）及人际交往、个人休闲和娱乐活动等，这些活动都不是工作，因为"这些个人的基本活动无法由他人代替进行"（联合国等，2008，第6.25 段）。至于教育和培训等服务，其提供方是生产者，而接受教育和培训的住户属于消费者；从接受方的角度来看，这些活动由于不可替代而归属个人活动。尽管接受教育和培训将增加人力资本，但 SNA 尚未将其视作资本形成。因此，一个重要的判断标准是：志愿劳动是经济生产的重要投入，有产出与之对应，而个人活动没有创造货物或服务产出。

（二）志愿性

志愿性又称为非强制性（Non-compulsory），说明活动的参与纯属志愿；反之，若活动参与需依法进行或者血缘决定，即便属于无偿活动，也被排除在志愿活动之外。

在《手册》英文版中，志愿劳动被定义为"Work Without Monetary Pay or Legal Obligation Provided for Persons Iiving Outside the Volunteer's Own Household"（联合国，2003，英文版第4.45段），而《手册》中文版将其译为"没有金钱报酬的工作或为居住在志愿者本人的住户之外的人应尽的法律义务"（见表5-8），显然这种译法是不够准确的，无论是赠与还是志愿劳动均为非强制的，并非应尽的法律义务，故应改译为"无货币支付或法律义务，向志愿者所属住户之外的人群提供的劳动"，与ILO（2011）的定义相当接近。即便如此，上述定义也不够完整，因为志愿劳动不仅可提供给住户单位，也可为其他机构类型（主要是非营利机构）所使用，故应进一步修改为"无货币支付或法律义务，向志愿者所属住户之外的机构单位提供的劳动"。观察表5-8可知，还有一些定义对受益范围规定得更为宽泛，除人群、动植物、社区团体之外，还涉及抽象的环境和社会。实践中，也确实有一些志愿劳动没有直接和明确的受益对象，但可理解为最终受益的是整个人类社会，因而保持一个宽泛的受益范围也是合理的。

从住户角度来看，志愿劳动的受益方应该是陌生人，乐意为一个陌生人提供服务才能证明这种"志愿"是百分之百的，但如此高"纯度"的志愿劳动并非主流，因此，绝大多数学者仅将志愿者所属住户排除在受益范围之外或可理解为如果"志愿活动"仅仅使家人受益则体现得并非利他主义，免费为家人服务更类似于无酬的家庭劳动而未纳入SNA的生产范围。也有一些学者持不同看法，例如，Eleanor Brown（1999）认为，应从"公共"（Civic）和"个人"（Personal）两个维度入手来识别志愿劳动。例如，抚养自己的孩子纯属个人义务，为邻居临时照顾孩子可能隐含着互惠关系，均不应视作志愿劳动。然而，大多数学者的观点还是将临时照顾邻居孩子看作一种志愿劳动，之后邻居帮助自己修车等活动属于另外一次志愿劳动，两者之间并不是交换式的交易，也说明完全纯粹的志愿劳动是不多见的。不过，Eleanor Brown（1999）的观点还

是具有相当的实践价值的，即最容易判别的志愿劳动是通过非营利机构组织实施的正式的志愿劳动①，因为该类志愿劳动将单个住户的志愿行为与公共利益联结起来了。举一个较为特殊的例子，如果志愿者通过劳动所生产的产出又为本人所消费，志愿者既是生产者又是消费者，由于受益方就是本人而不能视作志愿劳动；反之，如果志愿者向非营利机构提供了志愿劳动，同时又享用了该机构所生产的产出，则由于非营利机构的中介作用而使该劳动具有志愿性。正因如此，卫星账户特别推崇由非营利机构组织实施的志愿活动。

在现实生活中，一些活动看起来很像志愿劳动，例如，"学校或公司所要求的'志愿活动'及政府为青年人提供从事社区服务的机会，作为回报而免除兵役等"（Independent Sector，2001，第 11 页），这些活动的参与多为了就业或免服兵役，属于"强迫的志愿劳动"。按照 ILO（2011）的归纳，"强迫的志愿劳动"包括法院判定的未付酬工作、徒刑期间强制完成的工作、为免除兵役而从事替代服务的替代役人员、为获得工作机会的未付酬学徒和实习生、为毕业或继续深造而从事的"志愿工作"等，但来自同辈和父辈的压力以及社会责任或社会群体的期待一般不被认为是强制性的②。

在核算时，志愿性的判别尚需关注以下三个细节问题。

1. 年龄界定

如果住户成员年龄太小，可能无法正确识别志愿活动，因而 ILO（2011）给出了志愿者的年龄下限，即年满 15 岁的人员才能成为志愿者。然而，《手册》的处理略有不同，例如，卫星账户表 V.2（按职业、性别和年龄分类的非营利组织的有酬雇员、志愿者和成员）和表 V.3（按职业、性别和年龄分类的赠与）对志愿者按年龄进行了分组，其首组为 16 岁以下、末组为 65 岁以上（联合国，2003，第 123~124 页）。一般来说，赠与活动的参与似乎不应有年龄限制，单个住户成员的赠与可视为整个

---

① 必须注意的是，通过组织实施的志愿劳动并不绝对意味着强制性，更多地表现为统一安排，以及利用群体的力量去完成单个志愿者无法达成的目标（王妮丽、崔紫君，2003）。

② 正因为志愿劳动的判断不那么容易，因而调查中还需借助一些关联变量，例如，活动场所、交通工具、服务对象等客观变量。当活动场所为"自有住房"时，则可能为无酬家务劳动，如果为"他人住房"或"公共区域"则也许是志愿劳动，甚至心理状态（"紧张"还是"享受"）等主观变量也是虚拟报酬估算的参考依据之一（徐蔼婷，2011，第 65~67 页）。

住户的行为，若赠与者年龄较小而无法做出合理判断，或许会出现赠与不当（如过度赠与），因此，规定年龄下限更好。如果不考虑经济回报（劳动报酬或经营收入），志愿劳动者类似于就业人口，一些志愿劳动还存在一定的风险，故也应规定年龄下限。此外，将年龄下限定为16岁与《中华人民共和国劳动法》第十五条的规定完全一致，中国国民经济核算体系（CSNA2016）对劳动力人口和就业人口的年龄下限规定也是16岁（中国国家统计局，2016，第55~56页）；相关调查也显示，87.40%的中国志愿者年龄在20岁以上（庄国波，2005，第50~53页），如果将年龄下限下探到16岁，这一比率应该更高。尽管ILO统计认为"最低工作年龄限制取决于具体国情"（联合国等，2008，第19.40段），但从国际比较的角度来看，还是应修改ILO（2011）的规定而与《手册》保持一致，从本质上来看毕竟志愿活动从属于非营利活动，其最终目的是非营利；同时，在志愿活动参与率（Volunteer Rate）的计算中，分母应该是年龄大于或等于16岁的人口数。

2. 观察单位

志愿活动核算以住户（Household）① 而不是家庭（Family）为观察单位。一般来说，家庭成员之间存在血缘亲情关系，但住户成员未必，因为住户被定义为"他们共用生活设施，把成员的部分或全部收入或财产汇聚起来使用，集体性地消费某些货物与服务——主要是住房和食物"（联合国等，2008，第4.4段），意味着构成住户的前提仅在于"资源和消费上存在某些共享"（联合国等，2008，第4.150段），那些同一宗教机构的成员、长期住院的病人、长期服刑的犯人和长年在养老院居住的人群之间不会产生志愿活动，因为这些人群仍然属于同一机构住户的成员；即便将志愿者纳入劳动力调查的范围，通常也会排除机构住户，甚至还会剔除居住在遥远地区的人口或者调查很难延伸的地区以及没有固

---

① 住户部门的生产活动主要包括"住户非法人企业"和"为自身最终使用的住户企业"的生产活动，如此区分的目的在于正确描述不同的志愿劳动。当住户奉献自己的劳动给其他机构类型（如政府、非营利机构和企业）时，生产单位是其他机构类型，它们是产出的所有者和志愿劳动的使用者。反之，若向住户企业提供志愿劳动，则生产的组织者是住户，产出也归属于住户部门。这一区分的意义在于：对于前者，只需核算志愿劳动的虚拟报酬，非劳动投入已被所在机构单位测算；对于后者，不仅要核算志愿劳动的虚拟报酬而且还要测算非劳动投入价值，如此才能得到完整的产出。

定住所的人口。尽管如此，也有一些不太容易判别的例子，例如，ILO（2011）所列举的孩子领养：第一种情况，领养的时间特别短，如几天或几周，此时领养方和孩子分属不同的住户，可视为领养方住户向孩子所在住户提供了关照服务；第二种情况，如果领养之前达成协议：一旦孩子的永久监护人被确定，则领养关系自动结束，而领养期间的抚养活动可能属于志愿劳动。在上述两种临时抚养期间，如果领养者得到的报酬低于服务提供成本或免费抚养，则领养活动属于志愿劳动。反之，如果孩子抚养是长期的，孩子将成为抚养住户中的成员，则抚养活动不属于志愿劳动。不过，即便是短期抚养，也存在一些核算难点，如很难准确区分志愿劳动小时与无酬家务劳动时间。

3. 劳动时间

依据国际劳工组织《关于经济活动人口、就业、失业及不充分就业统计的决议》（第 13 届国际劳工统计大会通过，日内瓦，1982 年）的规定"凡在家庭企业或农场从事无薪酬工作至少每天 1 小时以上的人员，应被包括在就业统计中"，是否应参照此项规定界定志愿者？

在《手册》中，"志愿者人数"又被称为"志愿就业人数"。志愿者是不是"雇员"？如果是与通常所说的"雇员"又有哪些区别？李宁（2006，第 4~5 页）认为，志愿者不是雇员，因为雇主需向雇员支付劳动报酬，而志愿劳动的一个显著特点就是无偿性；从广义上来看，赠与者也是志愿者，但并未提供劳动，自然也不是雇员。此外，雇主与雇员之间一般存在雇佣合同关系，"当企业和个人之间达成正式或非正式的书面或口头协议后，雇主、雇员关系即成立……雇员根据协议按其贡献获得现金或实物报酬"（联合国等，2008，第 7.29 段），然而志愿者与使用志愿劳动的机构单位之间不存在雇佣合同关系，如果存在这种关系则说明志愿劳动具有强制性，是必须履行的义务，与志愿性准则相悖。

尽管志愿者不是雇员，但 SNA2008 将志愿者视作经济活动人口中的就业人口。在"义工"的概念讨论中，SNA2008 区分了三类人口：以劳动换酬劳的人口、不收取报酬的人口、不取报酬却能从产出中牟利的人口，同时将三类人口均视作就业人口。如果没有领取现金报酬，但有可能获得实物报酬（如食宿等），故将此类人员视作实物报酬支付单位的就业人员；如果贡献了劳动但确实没有获取任何报酬，仍然视作就业人员，只是不核算其雇员报酬而已（联合国等，2008，第 19.37~19.39 段）。如此处理的原因在于核算体系必须完整测度纳入生产范围内的所有经济活动，包括志愿者的劳动投入，并且考虑志愿者之后更有利于观察生产率的变动。因此，SNA2008 及《手册》仅仅将那些"认可的机构单位"工作的人员视作志愿者，实际上将非正式志愿劳动排除在外，例如，搀扶老人过马路，所耗费的时间也许不到 1 分钟，也不需要相关设施，意味着需要至少每天搀扶 60 多个老人过马路才能视为"就业"，这显然是不可能的。

（三）无偿性

"非营利性"和"无偿性"是两条略有差异的准则，对应的是不同的流量：前者针对的是营业盈余，后者针对的却是劳动报酬。不过，"非营利性"并不意味着非营利机构不能创造营业盈余，只是不能分配；类似地，"无偿性"也并不是说志愿者不能获取劳动报酬，关键在于得到的数额。例如，志愿者可能得到了食物、饮料或象征性的礼物，长期从事志愿劳动的志愿者甚至有可能获取定期生活津贴以及住房、医疗和伤残保险等方面的补偿，但其价值须低于当地劳动力市场的工资水平，不能以劳动数量、质量或成果为标准测算所获得的回报。至于志愿者可能得到的非货币回报，例如，技能获取和提高、社会交往、社会地位以及自尊与自我满足等不是"无偿性"所针对的内容（ILO，2011）。除此之外，志愿劳动还涉及其他投入，例如，交通费和工具支出等实际费用，可能采取先支出再报销的方式，也可能是实物的直接提供，但以上支出属于中间消耗或资本形成，并非劳动报酬而不影响志愿劳动的无偿性。

在无偿性的识别方面，还应注意无酬工作与无酬生产之间的定义差别。按照徐蔼婷（2011）的观点，如果生产方通过产品交易获得货币、实物或其他形式的补偿，则该类生产被称为有酬生产（Paid Production），如果未获得任何形式的补偿则属于无酬生产（Unpaid Production），而 SNA 生产范围内的无酬生产者包括无酬学徒工、实习生、住户非法人企业的无酬家庭工人，非 SNA 生产范围内的无酬生产者包括一般住户成员和非营利机构的志愿工人（徐蔼婷，2011，第 50 页之表 1-21）。但仔细观察可知，无酬生产中的"无酬"针对的流量是产出，无酬生产者对应的流量却是劳动报酬，说明无酬生产和无酬生产者实际上分属两个不同的概念。此外，SNA 生产范围内的无酬生产者不具有志愿性，非 SNA 生产范围内的无酬生产者或是无酬的家务劳动者或者是志愿者。

如果企业为鼓励雇员参加志愿劳动而提供带薪休假的福利，那么实际上是违背了无偿性，应处理为企业提供的实物转移。还有一些与付酬劳动相伴的"志愿劳动"，例如，卡车司机在正常工作期间免费搭乘路人，实际上是货物运输的有偿劳动和人员运输的免费劳动两种活动的组合，尽管搭乘路人是免费的，但并非没有成本，是企业而非司机承担了费用，仍然属于企业向路人提供的实物转移。类似地，教师在正常上课期间增加一个学生而不收费，也是相伴的"志愿劳动"。不过，与有酬工作联系在一起的志愿劳动，人们很难观察其劳动目的，即到底是"志愿奉献"还是"被迫贡献"，因而有一定核算难度。

二、志愿劳动的分类

在 SNA2008 中，住户部门的生产活动包括货物的自给性生产、自有住房服务、付酬家政人员提供的家庭与个人服务、"自己动手"的装修维护和小修等（联合国等，2008，第 110~113 页）。由此可知，住户部门的生产活动可分为 SNA 住户生产和非 SNA 住户生产，其中，非 SNA 住户生产包括了生产服务的志愿劳动，尽管也存在生产货物的志愿劳动，但货物生产已纳入了国民核算体系（徐蔼婷，2011）。[①]

（一）正式和非正式的志愿劳动

一般而言，志愿劳动或由非营利机构组织实施，或纯系志愿者的自发行为，前者被称为正式的志愿劳动，后者是非正式的志愿劳动。正式的志愿劳动意味着组织的制度化和运作的持久性，而非正式的志愿劳动更多地体现了自发性和偶然性。但在界定时尚需注意两个问题：一是非营利机构是否登记注册并不影响这一区分；二是两类志愿劳动的参与频率。如果志愿者主要以个人身份从事志愿劳动，即使偶然参与了有组织的志愿劳动，仍应将其归入非正式的志愿者。如此规定与自给性货物生产者和市场货物生产者的区分原理一样，如果自给性生产者所生产的货物只是偶尔在市场上出售，仍应划归非市场生产者（联合国等，1993，第 4.148 段）。

----

① 徐蔼婷（2011，第 29 页）将住户非 SNA 生产区分为两种交易形式：一是内部交易，即无酬的家务劳动；二是转移分为两种，发生在住户之间和住户向其他机构类型提供的转移，例如，志愿劳动即属于转移交易，也可划分为正式和非正式的志愿劳动。

《手册》直接采用了联合国的《试验性时间使用统计活动的国际分类》（联合国，2000），其中的四个二级分类涉及志愿劳动，包括：

其一，社区组织的建设和修缮：建筑物、道路、水坝、水井等（61）。

其二，社区组织的工作：为集体庆祝活动进行的烹调等（62）。

其三，在/为某个组织提供的志愿服务（不包括直接为个人工作）（63）。包括筹备与出席会议；为组织（如专业协会、工会、兄弟会和政治组织等非营利机构）工作，筹款、组织工作和交往活动等。

其四，通过组织直接向个人和团体提供的志愿工作（64）。例如，"老弱病残"的关照、儿童关照、家务劳动、教育与管教、教练和辅导等。

观察可知，SNA2008在第29章（卫星账户和其他扩展）志愿劳动的核算范围方面与《手册》保持了高度一致，例如，将住户间的志愿劳动摒弃在生产范围之外，无论获益方是志愿者所属住户还是其他住户；但若志愿劳动被提供给非市场生产者或市场非营利机构，则将纳入生产范围，其服务价值按成本计量（联合国等，2008，第29.156段）。究其原因，卫星账户所核算的应该是提供给非营利机构的志愿劳动，即便是市场非营利机构接受志愿劳动之后所提供的是非市场产出而不是市场产出（联合国等，2008，第29.161段）。作为一种硬性规定，如果准公司或企业所有者未领取工资，也应该先处理为雇员报酬，然后视作对企业的注资（联合国等，2008，第29.159段）。

此外，《手册》使用的分类是试验性的，相对正式版《时间使用统计活动的国际分类》（*International Classification of Activities for Time-use Statistics*，ICATUS，2000）而言，还是存在一些差异，但大体相同。在正式版中，与志愿劳动相关的分类是"为社区或其他家庭提供的服务或帮助分类（08）"（徐蔼婷，2011，第41~47页），其中0811（对其他住户的无酬帮助）属于住户间的志愿劳动，例如，帮助其他住户的家庭维护和管理（08111）、帮助其他住户购买货物与服务（08112）等，不属于卫星账户的核算对象；而0812（社会组织的无酬服务）对应试验版的61类和62类，0813（组织的志愿者活动）对应63类和64类。相对而言，正式版更全面，分类也更细致，包括了主要活动和相关活动（如参加会议、其他社会服务、相关出行活动等）。

中国 2008 年的时间利用调查也涉及了志愿劳动，包括：①对其他家庭提供的无偿家务帮助（63）。②社区服务与公益活动（64）。③其他活动（65）和相关交通活动（69）。

对比可知，中国分类更接近正式版，例如，第 63 组与 0811 组类似，第 64 组中的社区服务对应 0812 组，公益活动与 0813 组相似。不过，两者之间也存在一些区别：尽管中国分类第 64 组包括了社区服务，但笼统地归纳为参加社区的公益活动，而联合国分类则相当具体；至于公民履行义务参与选举投票与联合国分类试验版第 633 组（政治或公民组织）呈对应关系，例如，社会活动、投票、陪审团，以及在选举或膳食制备中提供服务等。此外，中国分类对"组织"的界定较为狭窄，仅仅包括了慈善机构，遗漏了其他非营利机构类型。

中国分类的重点在住户家庭和社区，设置的类别较少而使性质不同的活动混杂在一起。随着中国非营利暨志愿活动的蓬勃发展和国际比较的需要，中国志愿劳动核算应采用联合国分类，在概念、分类与核算方法方面保持一致。综合来看，联合国和中国的分类主要服务于非营利机构管理，并非纯粹的产业分类，因为其分类依据不是"主要活动"而是"是否有组织、与住户的距离远近、发生区域和活动类型"，这必将导致不同的类别包含同样的活动，例如，联合国分类各组中均包含了"会议出席"，0811（对其他住户的无酬帮助）包括了 08116（帮助其他家庭照顾孩子），而 08132（通过机构的志愿服务）同样涉及 08116 的活动，只不过前者是自发的，后者是有组织的而已，这也正是联合国正式版对 0811 分类较细、08132 分类较粗的原因之一。类似地，08131 所涉及的活动包括为非营利机构筹备会议、筹款、培训、活动组织、社会交往等，因此，其分类也较为粗略。

（二）产业分类

在志愿活动研究中，志愿劳动在各个产业间的分布态势也是人们感兴趣的内容之一，其分类基础仍为"非营利组织国际分类"（ICNPO），因为志愿劳动和赠与是非营利机构的重要投入，自然与非营利活动一样出现在相同的产业领域。

因此，志愿劳动的产业分类仅需将相关活动归入 ICNPO 的相应类别即可。例如，"住房服务"是指志愿提供的自有住房服务及对他人住宅的维修保养，对应 ICNPO 的"发展和住房"（第 6 组）中的"住房"

（6200）；"关照服务"是指对儿童、老年人、病人和体弱者的志愿关照，可划归 ICNPO 的"社会服务"（第 4 组）中的"社会服务"（4100）。类似地，在试验版中的"教育和管教、家庭教师以及课程辅导"（623）、"体育运动中的教练和辅导"（624）按活动性质归并至 ICNPO 的"教育和研究"（第 2 组）；"专业协会、工会、兄弟会和政治组织"（63）可划归 ICNPO 的"法律、倡议和政治"（第 7 组）与"商业和专业协会、工会"（第 11 组），等等。至于"在/为某个组织提供的志愿服务（不包括直接为个人工作）"可按活动类型进行细分，例如，"作为志愿者成员而进行的筹款活动，包括组织、筹措和计划等"（616）可归入"慈善中介和志愿促进"（第 8 组）。

实践证明，ICNPO 能够较好地兼容各国的志愿活动。例如，中国的志愿活动主要包括扶贫、教育、社区、重大活动、就业、环保宣传与促进和救灾等。由于扶贫服务包括为偏远山区和贫困地区提供教育、农业适用技术的推广、医疗卫生等方面的服务，因而可分别归入"教育和研究""发展和住房""卫生保健"三组；而社区服务是为社区的特殊群体包括老人、儿童、残疾人、困难家庭提供包括助老、助残、助幼、法律援助、医疗救助等服务，因此，可分别归入"社会服务""法律、倡议和政治""卫生保健"。值得一提的是，交通运输没有单列出来，因为绝大多数交易中运输服务是中间投入，至于专门的志愿运输服务，则由于规模较小可归入"其他"。

在卫星账户中，一些表格无须调整可直接使用，例如，表Ⅵ（按机构类型分组的总体非营利机构部门的关键维度）中的"结构变量"描述了志愿者在各个 ICNPO 产业领域的分布状况（联合国，2003，第 131 页），可以了解各个产业领域的"付酬就业+志愿者"的组合模式。而表Ⅴ.2（按职业、性别和年龄分组的非营利机构付酬雇员、志愿者和成员）与表Ⅴ.3（按职业、性别和年龄分组的志愿赠与）也可进行调整以适应中国国情，例如，依据《中华人民共和国职业分类大典（2015）》对其中的职业分类进行调整（见表 5-9）。还需注意的是年龄分类，卫星账户的区分包括 16 岁以下、16～19 岁、20～24 岁、25～44 岁、45～64 岁以及 65 岁以上六组，由于志愿者的年龄下限为 16 岁，再加上按连续变量分组宜遵循"重叠组限"且"上组限不在内"的原则，因此，也进行了重新处理（如表 5-9 所示）。

表5-9 按职业、性别和年龄分组的志愿赠与

职业和年龄特征	赠与人口的百分比		平均赠与		赠与额	
	男	女	男	女	男	女
总计：所有职业/年龄 职业 （1）党的机关、国家机关、群众团体和社会组织、企事业单位负责人 （2）专业技术人员 （3）办事人员和有关人员 （4）社会生产服务和生活服务人员 （5）农、林、牧、渔业生产及辅助人员 （6）生产制造及有关人员 （7）军人 （8）不便分类的其他从业人员						
年龄 16~20岁 20~25岁 25~45岁 45~65岁 65岁以上						

资料来源：联合国．国民账户体系非营利机构手册（2003）［M］．纽约，2005；张迎春．国际标准职业分类的更新及其对中国的启示［J］．中国行政管理，2009（1）.

三、志愿劳动的虚拟报酬核算

住户无酬家务劳动核算的理论基础是以贝克尔为代表的新微观经济理论。该理论将住户消费视作家庭生产，即以住户消费为投入，结合时间资源，进而生产出膳食制备、儿童和老年人关照等住户产出。其中的时间投入既是一种稀缺资源又是住户生产的必备条件，与其他投入一样具有经济价值，等同于住户成员的薪酬——将从事家庭生产的时间转用于其他工作可能获取的收入，即时间的机会成本（高巧，2004）。由于住户消费核算已经纳入了SNA，因而仅需测度时间投入的价值[1]。尽管贝克尔的新微观经济

---

[1] SNA2008认为，估算无酬家务劳动有两种方法：一是编制完整的生产账户，即将很多住户消费支出视作中间消耗；二是将投入视作为住户消费支出，仅对时间投入进行价值估算（联合国等，2008，第29.149段）。

理论针对的是住户无酬的家务劳动，但同样适用于志愿劳动的虚拟报酬核算。

（一）核算思路与原则

Eleanor Brown（1999）指出，有两种意愿调查可以确定志愿服务的均衡价格：一是提高消费者的收入，直至消费者能够购买，此时的购买支出即为志愿服务的价值。事实上，消费者需要某些服务，但收入水平较低，能够做出的支付与服务的价值之间有一段差距，因而无法成交；二是分别向消费者提供志愿服务和赠与，变动赠与的数额直到消费者选择志愿服务为止，此时的赠与水平即为志愿服务的价值。在此基础上，从志愿服务的价值中扣除非劳动投入，余额即为志愿劳动的虚拟报酬，其数额不能为负，最低为 0。尽管志愿劳动是影响国民福利变动的因素之一，但志愿劳动核算的主要目的是衡量非营利机构的真实投入与产出，由于意愿调查的结果不唯一，并非志愿劳动的真实价值和志愿服务的准确成本，加之工作量较大，因而不可能成为志愿劳动虚拟报酬的核算方法。

在生产总量核算中，产出核算的最佳方法是产量乘以市场价格；当无法获取市场价格[①]时，次优的方法是以投入代产出，类似于志愿劳动核算的产出法和投入法。当然，在缺失市场价格时还有两种选择：如果有同类产品在市场上交易，则可参照核算，否则才是投入估算。无论采用哪种方法，均需从产品或劳动力市场上找寻相关信息，同时应遵循以下原则。

1. 对应性原则

由于在劳动力市场上无法得到志愿者的工资数据，因此需从市场同类交易中获取，前提是能够找到对应物。如果无对应，说明这一服务不具有普遍性，不应纳入核算体系（曾五一，2005）。反之，如果某一服务在市场上占有足够的交易份额，则工资数据就具备相当的可靠性，意味着该类服务对经济体来说是重要的，也是有必要核算的。对应性原则适用于产出法和替代成本法，如果存在对应市场交易且具有普遍性就可借鉴或替代。对应性原则与 SNA 的产出核算思想是一致的：

其一，SNA 在为自身最终使用而生产的产出核算时指出："同类货物或服务必须在市场上有足够的数量买卖交易，以得到可靠的市场价格用

---

① 必须补充的是，一些通过志愿劳动生产的货物与服务也许经过了市场交换，具有市场价格，但产出价值中的雇员报酬可能缺失，或低于通常的产品价格。

于估价"（联合国等，1993，第 6.85 段）。

其二，SNA 在核算货物的自给性生产时指出："要全面地、详尽无遗地列出所有可能的生产活动是不可能的……在某一个国家内，当这种住户内部生产的货物量被确认相对本国货物总供应量是非常重要时，就应该记录这种生产。否则，在实践中就不值得设法去估计它。"（联合国等，1993，第 6.25 段）此外，相当部分的志愿活动是由市场营利性活动转化而来的，例如，部分人群由于消费不起或无法充足消费而导致一些或一部分营利性活动性质的转变。由于与某些志愿活动所对应的市场营利性活动往往具有经常发生和数额巨大等特点，因而其市场价格在核算借鉴及价值虚拟等方面就更具合理性，引用这些市场价格无论是在产出质量还是在生产率方面也更加匹配。

2. 相称性原则

该原则要求志愿劳动与其替代之间在技能、责任心、规模经济和设备使用等方面保持一致或相称（Dennis Trewin，1997），否则将低估或高估志愿劳动的虚拟报酬。一般来说，志愿劳动在产出质量和生产率方面会低于市场同类劳动，故其工资率也应下调。从方法起源的角度来看，最初的核算目的是估算无酬家务劳动的价值，由于"从业人员"主要是女性且工资水平较低，因而"下限估算"有一定的道理。但在志愿劳动核算中，多数研究倾向于"中限估算"，即以服务业从业人员的平均工资作为影子工资，因为志愿劳动的范围要大于无酬的家务劳动，一些志愿者从事的是管理工作，有些志愿劳动还需要一定的技能。不过，还有相当部分的志愿劳动属于社区服务或邻里互助，这又意味着"中限估算"可能偏高，故从总体权衡，采取"中下限估算"较为相称，低于中限而高于下限。此外，志愿劳动的核算结果与假定前提存在密切的关联，如果将志愿者视作新增"劳动力"，那么进入劳动力市场之后工资率水平不会下降（Helmut K. Anheier 等，2001）。然而，即便志愿者不以获取劳动报酬为目的，当其规模较大时，这一假定也很难成立，也说明采取中下限估算更贴近客观现实。

（二）产出法

类似于产量乘以价格等于产出，产出法的志愿劳动虚拟报酬等于产量乘以单位产量的薪酬（直接计算）或在产出的基础上扣除中间消耗、固定资本消耗、生产税净额、营业盈余和付酬雇员的劳动报酬（间接计算），因为大多数非营利机构既雇佣付酬雇员又使用志愿者。

除了志愿劳动时间之外，人们还希望了解志愿劳动所生产的货物与服务的种类和价值，如此可研究志愿劳动对付酬劳动的补充和替代作用；而产出法以产品为核算对象，由于从产量（如衣物洗涤的公斤数、房屋及街道清扫的平方米及孩子和老年人关照的人小时数等）入手还能核算"同时进行的志愿劳动"，不致出现遗漏。尤其是间接计算，从产出入手测度志愿劳动的虚拟报酬，包含的信息更多而进一步分析的潜力更大（如投入产出、生产率和效率分析等），也是一些学者始终认为产出法是更优越的原因之一。

实践中，产出法没有得到广泛的应用，繁重的数据收集和质量匹配工作是最大的阻碍，特别是当间接计算时，如果中间消耗和产出种类较多，数据收集的工作量也越大。在产量调查方面，徐蔼婷（2011，第 53页）认为，应注意实物产量与劳动时间投入的区分，即产量指标设计时最好不要融入时间单位，以避免产出法和投入法的混淆，例如，"幼儿关照"的产量应选择"幼儿人数"而非"幼儿小时"等。然而文献检索发现，还有一些产量指标的设计本身就不够精确，例如，在"清洁活动"中，"一般房间整理"的产量计量单位为"房间"，"浴室地面清洁"为"浴室"（徐蔼婷，2011，第 56 页），问题是不同房间和浴室的面积不同，由此得到的志愿劳动的虚拟报酬就不够准确。对比可知，以劳动时间为标准计量志愿劳动的虚拟报酬是成本效益最好的核算方式，例如，提供给非营利机构的志愿劳动，其非劳动投入包括付酬雇员的劳动报酬均已被非营利机构所核算，真正需要测算的仅是志愿劳动的虚拟报酬；至于非正式的志愿劳动，多为向其他住户提供的无酬帮助，其非劳动投入较少，甚至可忽略不计[①]，因而也只需核算志愿劳动的虚拟报酬。还需注意的是，时间利用调查所收集的是劳动投入而非产出信息，更未涉及实物

---

① 如在有酬雇员生产的家庭和个人服务核算时，SNA1993 指出："雇佣的有酬雇员不创造任何盈余，这是因为按惯例，该生产的产出价值就等于支付给家庭雇员的雇员报酬，不承认有其他的投入。"（联合国等，1993，第 4.149 段）类似地，"付酬的家庭佣人、厨师、花匠、司机等，在形式上被看作由户主所有并管理的非法人企业的雇员。因此，生产的服务由生产它们的同一单位消费，它们是一种自给性生产。依照惯例，在容许服务生产过程中发生的中间费用和固定资本消耗都忽略不计，其产出价值被视为与所付雇员报酬（包括住宿等实物报酬）相等"（联合国等，1993，第 6.88 段）。

产量，因此，服务于投入法而非产出法。

（三）投入法

使用志愿劳动生产货物与服务，同时又免费或以无经济意义的价格提供产出，导致工资和产品价格信息失去意义，此时可以投入成本测度产出价值，例如，中间投入、固定资本消耗和劳动投入等，重点是劳动投入，也就是志愿劳动的虚拟报酬。可以从成本与收益入手估算志愿劳动的虚拟报酬：如果能够获取从事相同（似）活动的付酬工人的工资，即可以此虚拟志愿劳动的价值，这是一种基于成本的替代测算——替代成本法（Replacement Costs Approach）；如果能够得到志愿者从事付酬工作的工资数据，也可由此确定志愿劳动的虚拟报酬，这是一种基于收益的测算方式——机会成本法（Opportunity Costs Approach）。前者是借鉴他人，后者是借鉴自己（Eleanor Brown，1999）。

投入法至少应收集志愿者人数、志愿劳动小时、志愿者的职业、机构背景和志愿劳动出现的产业领域等信息（ILO，2011）。志愿劳动核算仅需"志愿劳动小时"（Hour Volunteered）和"工资率"（即影子工资，Shadow Wage）数据，其余信息用于工资率的确定和调整。

1. 机会成本法

机会成本法的基本思想是投入到志愿劳动上的时间价值等同于机会成本，即志愿者放弃志愿劳动转而从事付酬劳动可能获取的最高收入。显然，机会成本的高低取决于志愿者的受教育年限、工作经验、年龄、性别和区域等因素（A. Sylvester Young，电子版，第6页），仅从定义和影响因素来看，机会成本法就存在以下不足：

（1）属于上限估算，且估算结果偏高。例如，一家上市公司的CEO参加清扫大街的志愿劳动，可以想象其机会成本非常高，但在同一时间内所完成的清扫面积与服务质量大多不如专职清洁工，因此，以机会成本衡量志愿者的劳动价值，一般会出现上偏。从理论上来看，志愿者在提供劳动和赠与时应该享受同等的减免所得税待遇，如果从核算结果上来看，势必高估志愿劳动的免税待遇，由于志愿劳动的出现频率远高于赠与而更加凸显这种不平等。可以推测：如果研究目的是将志愿劳动纳入卫星账户则应使用替代成本法，如果仅仅测度志愿者从事志愿劳动所导致的福利损失则应使用机会成本法。

（2）核算结果不唯一。因为志愿劳动虚拟报酬的决定在相当程度上取决于志愿者的个人背景，致使不同背景的志愿者实施同一活动的核算结果差异较大。

（3）适用范围不全。若志愿者没有从事付酬劳动（如退休人员、失业者和学生等），则将影响机会成本法的运用效果；尤其在中国，志愿者的主体为青年学生。

（4）不合理的类比。志愿者所从事的某种志愿劳动需通过另一种付酬劳动来虚拟，两者之间没有什么关联，工资率也截然不同（Indira Hirway，2005，第8页）。实践中，志愿劳动会替代一些付酬劳动，但不合理的类比势必影响替代效应分析，也使经济分析的结果不客观。

与理论设想不同，实际核算中多以子类的平均收入测度机会成本，例如，志愿劳动的虚拟报酬 = $\sum (T_s W_s P_s)$，其中，T_s 表示在人口类别 S 中每人每年花费在志愿劳动中的平均时间，人口按就业状态和性别等标志分类，W_s 表示在劳动力市场人口类别 S 中的平均工资率，P_s 表示在人口类别 S 中的人口数（Ann Chadeau，1992，第91~92页）。从方法上来看，主要包括两种：以子群（如就业者、失业者、家庭工作人员、学生等）平均收入替代子群机会成本报酬率，以子群平均收入率替代全部主体机会成本报酬率（徐蔼婷，2011），将志愿者从事付酬劳动的收入率视作其机会成本，通过类别区分显示志愿者的个人背景。由于存在以上不足，加之核算结果并非所从事志愿劳动的成本，因而《手册》没有推荐这种方法，但可将机会成本法的核算结果视作志愿劳动虚拟报酬核算的上限。

2. 替代成本法

替代成本法最初用于无酬家务劳动核算，其基本思想是：如果雇佣付酬劳动者替代无酬家务劳动者，所花费的支出即为家务劳动者的虚拟报酬。该方法假定付酬劳动者能够替代家务劳动者，且两者具有相同的生产率（Helmut K. Anheier 等，2001，第45~46页）。具体而言，有两种替代思路：一是以专业人员替代家务劳动者——专家法（Specialist Approach），例如，以实习厨师的活动替代膳食制备，以保洁员的活动替代家庭清洁等（见表5-10）；专家法假定各类家务劳动均可托付专业人员，但倾向于低估。二是以家政服务人员（如保姆、管家等）替代家务劳动者——通才法

（Generalist Approach），并且假定家政服务人员能够从事各种家务劳动且拥有相同的生产率。由两种方法的计算公式（见表5-11）可以推测，专业人员的工资水平一般高于家政服务人员，因而专家法的核算结果通常大于通才法。

表 5-10　2000 年日本未付酬劳动核算中的替代者

活动	替代者
烹饪	实习厨师
清洁	保洁员
洗涤	洗衣男工
缝补	缝纫机操作者
其他住户工作	门房
购物	门房
儿童关照	幼儿园教师
老年人关照	助理护理员
志愿劳动	服务业工资的加权平均

资料来源：Indira Hirway. Valuation of Unpaid Work：Issues Emerging from the Indian Pilot Time Use Survey［J/OL］. http：//www. unescap. org/Stat/meet/rrg3/twsa-08. pdf；Ann Chadeau. What is Households' Non-market Production Worth？［J］. OECD Economic Studies，1992（18）.

表 5-11　通才法与专家法

通才法	专家法
家务劳动的虚拟报酬 $= \sum_i T_i W$	家务劳动的虚拟报酬 $= \sum_i \sum_j (T_{ij} W_i)$
其中，T_i 表示第 i 个人的家务劳动时间；W 表示家政服务人员的工资率	其中，T_{ij} 表示第 j 个人每年花费在第 i 项活动的家务劳动时间；W_i 表示市场上专家型工人实施任务 i（或最接近的替代）的工资率

资料来源：Yvonne Ruger and Johanna Varjonen. Value of Household Production in Finland and Germany-analysis and Recalculation of the Household Satellite Accounts Sysytem in Both Countries［J］. Working Parpers，National Consumer Research Centre，2008（112）.

无论是专家法还是通才法在无酬家务劳动核算时都存在一些不足：并非所有的无酬家务劳动都需要专业人员；保姆大多是多面手，例如，做饭、带孩子、清扫和整理房间等，但保姆无法胜任所有的家务劳动，尤其是一些技术性和重体力的工作，例如，电器修理、住宅小修和车辆维护等，这些工作仍然需要专业人员。类似地，单纯使用专家法或通才法核算志愿劳动也是不合适的，例如，帮助其他住户制备膳食、清扫房间和关照孩子等志愿劳动，只需雇请保姆即可，似无必要专门聘请实习厨师、保洁员和幼儿园教师；但那些发生在住户部门之外的志愿劳动，尤其是正式的志愿劳动，大多需要一定的技能或经过专门的培训和考试，因而专家法更适宜。由于专家法和通才法的前提假定都过于绝对，故将其组合运用倒是一种不错的修正思路，这正是澳大利亚统计局替代成本混合法（Replacement Cost Hybrid）的优势（Dennis Trewin，1997，第27页），其中，构思较为完美可行的是 Blades（1998）的设想，即按活动距市场的远近将其分为两类：一类是较少由市场组织的活动，包括膳食制备、住宅清洁、家政管理、购物、园艺和宠物照料等，应采用通才法；另一类是通常由市场提供的服务，包括成人和病人关照、住宅维持、车辆维护和设备维修等，宜采用专家法。值得一提的是，志愿劳动虚拟报酬估算经常遇到的问题是不同方法导致的数据差异，例如，机会成本法与替代成本法、专家法和通才法测算结果的一大一小，类似于同一数据资料分别计算拉氏指数与派氏指数之间的差异，而对两个指数进行平均（如理想指数等）是一种较好的处理方法，可以认为，替代成本混合法相当于对专家法和通才法的综合处理，类似于理想指数的测算思路。

从理论上和实践中来看，尽管替代成本混合法优于专家法和通才法，但转用于志愿劳动核算仍然存在一些问题。由表 5-10 可知，无酬家务劳动仅包括烹饪、清洁、洗涤、缝补、其他住户工作、购物、儿童关照和老年人关照等活动，而志愿劳动不仅涉及住户家庭，还出现在文化和娱乐、教育与研究、卫生保健、社会服务、环境、发展与住房、法律倡议和政治、慈善中介与志愿促进、国际、宗教、商业和专业协会工会等 IC-NPO 领域，以非常有限的活动的工资率来估算范围宽泛且变异较大的志愿劳动显然不太合适。在中国志愿劳动主要服务于扶贫、教育、卫生、社区、重大活动、就业、环保宣传与赈灾等，几乎涵盖了人类发展的所有领域，意味着无酬家务劳动的核算思路难以直接运用于志愿劳动核算。

基于此，ILO（2011）建议实施全面替代成本法（Full Replacement Cost Method），针对每一志愿小时同时按职业和产业设定工资率，这是一种非常全面的核算方式。但是，即便从事同样的劳动，志愿者与替代者在技能和生产率方面存在差异，在不同机构背景下（划归政府、公司部门的非营利机构和 NPISH 部门）的工资率也不相同，因而需根据差异调整志愿者的工资率，总的原则是不赋予志愿者较高的工资率，故调整系数在0~1，且极少超过1，除非有清晰准确的信息，例如，志愿者所从事的工作恰好就是其本职工作并且服务于相同的产业，可认为志愿者的生产率等同于替代者的生产率，此时可将调整系数设为1。还有一些工作特别适合于志愿者，例如，收容、救济和筹款活动，因为志愿者充满爱心，工作热情较高，在筹措善款时知晓筹款目的，同时又不追逐利益，因此，其表现一般优于替代者，生产率也可能更高。此外，Eleanor Brown（1999）还认为，如果志愿劳动比付酬劳动更快乐则应赋予更低的价值，如果需更强的责任心或面对更紧张的劳动环境则应给予更高的价值。总体来看，由于按替代成本法测算的志愿劳动的虚拟报酬等于志愿劳动小时乘以工资率，在产出质量相同的情况下，除非志愿者的生产率等于替代者的生产率，否则将导致核算结果的低估或高估（如表5-12所示）。

表5-12　志愿者与替代者之间的劳动报酬对比

劳动生产率	核算结果
志愿者＝替代者	相同
志愿者＞替代者	低估
志愿者＜替代者	高估

如果还有其他补充信息，例如，志愿者的性别、工作经验、受教育水平、努力程度和装备使用等[①]，则更有利于做出准确的判断与调整。反之，如果得到的信息不完整或不全是准确的信息，ILO（2011）建议使用所获取的最好信息，同时以平均工资率进行推断。例如，如果产业信息是可靠的，则使用按产业分组的平均工资率；如果职业信息更准确，则使用按职业分组的平均工资率。

如果在核算中发现缺失工资数据，可设法调查市场上从事相同工作的工人。但在许多情况下，核算人员可能仅掌握了志愿者的志愿劳动小

---

① 例如，衣物洗涤有手洗和机洗两种方式，当所洗衣物达到一定数量时，机洗时间更短，因而手洗的虚拟报酬更高，即便两种方式的洗衣数量与质量相同。由此可以推测，时间节约型的设备（如洗衣机、洗碗机、微波炉和食物搅拌器等）和中间投入（经过整理的蔬菜、冷冻快餐和一次性货物等）越多，则志愿劳动的虚拟报酬越低（Ann Chadeau，1992，第96页）。然而，志愿者在工作选择上往往不会考虑生产率水平的高低，也大多不会关心自己是否擅长，而更多地关注受益方的需要，因而也有可能花费更多的时间。

时却不清楚他们从事了何种工作，或资料的分类比较粗泛，此时 ILO（2011）建议，使用官方规定的最低工资，或低薪职业（如不提供膳宿的社会工作）的工资率以实施"一揽子"估算。在这种情况下，Eleanor Brown（1999）认为，尽管可用非农非管理类工人的工资率进行估算，但最好使用那些与志愿者所从事工作最为接近的服务业工资率，因为卫星账户核算的是提供志愿服务的志愿劳动；如果进一步缩小范围，则应选择社会服务部门的工资率。还有一些研究选择了服务业工资的加权平均（Fukami，2000）、未付酬工作的平均工资（Dennis Trewin，1997）和社会平均工资率（徐蔼婷，2011，第122~124页）等。但是，ILO（2011）推荐的是加拿大统计局开发的"低效运行"（Fall-back）的方法，即采用社区、福利和社会服务职业的平均总工资为志愿劳动赋值，与《手册》建议一脉相承（联合国，2003，第4.53C段）。显然，"低效运行"法认为，大部分志愿劳动出现在社区、福利和社会服务领域，其工资率比不提供膳宿的社会工作要高，属于中下限估算；由于社区、福利和社会服务职业的平均工资率更接近志愿者总体的平均工资率而有利于缩小推断误差，更重要的是数据收集的工作量不大，尤其在当前志愿活动调查不够普及的情况下具有良好的可操作性。但必须明确的是，"低效运行"法与无酬家务劳动核算的专家法、通才法和替代成本混合法同样存在一些不足，并且无法获取各产业的分量信息，仅是一种权宜之计；一旦志愿劳动调查体系趋于成熟，其最终目标仍然是全面替代成本法。

（四）工资率的选择

替代成本法的核算质量主要取决于工资率，涉及工资和工作时间两个变量。虽然志愿者不是雇员，但替代成本法通过借鉴市场工资率来测度志愿劳动的虚拟报酬，故应以替代者的工资率为标准来确定志愿者的工资率。

1. 总工资和净工资

具体而言，志愿劳动核算的工资形式可细分为以下三种（Yvonne Ruger and Johanna Varjonen，2008，第20页）。

（1）雇员总工资（Employee's Gross Wage），包括所得税和雇员应付的社会缴款，也即雇员在缴纳所得税和社会缴款之前的工资，与原始收入相对应。

（2）雇员净工资（Employee's Net Wage），从雇员总工资中扣除所得税和雇员应付的社会缴款之后的余额，与可支配收入类似，但没有包括社会福利。

（3）雇主总工资（Employer's Gross Wage），在雇员总工资的基础上加入雇主应付的社会缴款，反映了雇主的劳动投入总成本。

从替代成本法的本质来看，如果志愿者放弃付酬劳动转而从事志愿劳动，损失的是雇主应付的雇员报酬，与原始收入相对应而应该使用雇员总工资；然而雇主缴纳的社会缴款在收入再分配核算时要改变交易流程，即首先处理为雇主应付、雇员应收的劳动报酬，然后计入雇员应付的社会缴款，故从与国民核算体系保持一致的角度来看，应该使用雇主总工资。[1] 无论志愿者从事的是哪一种劳动，均为生产活动提供了劳动要素，而所得税和社会缴款都是收入再分配的流量，雇员净工资自然不合适。换一个角度来看，如果志愿者放弃志愿劳动而未能提供志愿服务，则受益方需从市场上购买，其购买支出应包括所有成本，既涉及雇员总工资也涵盖雇主应付的社会缴款，故从受益方的实际支付来看，也应该使用雇主总工资。至于非营利机构，志愿劳动的使用减少了应付雇员报酬，意味着非营利机构无须从劳动力市场上购买劳动要素，这一购买支出同样应包括雇佣劳动力的所有成本[2]。从宏观角度来看，如果要对比公司、政府和非营利机构的劳动投入，也应该使用雇主总工资，如此才能确保部门间比较的一致性（Indira Hirway，电子版，第6页）。

也有一些学者认为，应该选择其他工资形式，例如，雇员总工资，因为按雇员总工资计算的虚拟报酬结果居中（Yvonne Ruger 和 Johanna Varjonen，2008，第21~22页）。然而，志愿劳动核算的中下限估算仅针对的是工资率的调整，而非工资形式的选择。按照徐蔼婷（2011，第129页）的观点，志愿劳动的成本是时间，这些时间本应用于赚取收入以购买货物与服务，而机会成本法强调志愿者因从事志愿劳动而引致的潜在收入损失，对住户而言一般指可支配收入，因此，应采用净工资率；而

---

① 在国民核算体系的中心框架，没有雇主总工资、雇员总工资和雇员净工资之类的划分，但从改变交易流程的核算原则来看，中心框架的雇员报酬实际上是雇主总工资。

② 还须注意通勤时间的价值估算。运输经济学研究表明人们从事一般的工作比站在公共汽车站更快乐，因而愿意减少工资以缩短通勤时间，意味着志愿劳动核算的工资形式不仅要考虑附加福利而且还应该将交通补贴纳入影子工资（Eleanor Brown，1999）。

Eleanor Brown（1999）从两个角度探讨了工资率的选择，认为对志愿者应该按机会成本法测度其潜在收入，宜采取税后工资率；对客户应该按替代成本法测度其成本，应采用税前工资率。至于社会保险计划，Eleanor Brown（1999）指出，有些社会保险计划与未来收入相关（如失业保险等），有些则没有关系（如医疗保险等），故在计算净工资率时应该选择性地剔除。归纳可知，如果使用机会成本法，较为一致的观点是使用净工资，但如果采取替代成本法，仍应选择雇主总工资，只有按雇主总工资核算的劳动报酬才是劳动力使用的真实成本。

在工资率选择的领域和范围方面，A. Sylvester Young（电子版，第12页）提出了一些值得思考的问题：选用哪一类工人的工资率，地区性的还是全国性的？就前一个问题而言，就业者不仅包括全日制工人，也包括临时工、第二份职业和季节性工人等。因此，应结合志愿劳动的实际来选择工资率，如果志愿劳动具有长期性和常规性，应匹配全日制工人的工资率，否则应选择与之最接近的工资率，其实相当部分的志愿劳动更类似于第二份、第三份职业。至于第二个问题，最好使用区域性的工资率，尤其在中国，区域间的差异较大。

总体来看，无论选择总工资还是净工资均面临一些两难问题。一是志愿者不是雇员，社会缴款从何而来？如果选择雇主总工资，则在收入再分配账户中将出现"现期所得税"和"社会缴款"这些流量。应该如何处理这些实际上不存在的流量，《手册》也未提及（联合国，2003，第47页）。如果按照通行的处理方式，首先虚拟一笔志愿劳动使用单位（通常是非营利机构）对住户的应付劳动报酬，其次，处理住户向政府缴纳社会缴款。所产生的问题是：雇员缴纳社会缴款的目的在于未来获取社会福利，尽管雇主总工资包括了社会缴款，但又不存在对应的社会福利，也是一些学者偏爱雇员净工资的原因之一。由于志愿劳动是无偿或以无经济意义的价格提供的，因此"工资"概念并不真实，志愿者至多获取了一些生活补贴或津贴，才是真实的流量。二是志愿活动是免税的，与无酬家务劳动相比还是有差别的。SNA在谈及无酬家务劳动时指出："虚拟价值和货币价值具有不同的经济意义。实际上由虚拟生产产生的虚拟收入很难征税"（联合国等，1993，第6.21段），而"很难征税"与"免税"是有本质区别的。在计算雇员净工资时，尚需注意所得税的扣除，因为所得税的征收采取的是累进税率而不是平均税率（Yvonne Ruger

和 Johanna Varjonen，2008，第 43 页）。更重要的是，选择雇员净工资还面临着与净增加值核算相同的问题，即由于 SNA 提供的是雇主总工资，因此，必须扣减所得税和社会缴款，如何确定这两个分量？若测算数据不准确，将直接影响净工资的核算质量。

2. 工作时间

替代成本法所使用的工资率为小时工资，等于月工资收入÷（月计薪天数×8 小时/天）。由于替代成本法需借鉴付酬劳动者的工资数据，因此，在工资的概念、分类和工作时间等方面均应与付酬劳动者保持一致，在确定工作时间时应以 SNA2008 的实际工作时间为准，包括直接时间、相关时间、停工时间与休息时间，不包括各种离职时间、未从事生产性工作时的往返时间、培训之外的其他教育时间和公差时的就餐时间以及其他长休（联合国等，2008，第 19.50～19.52 段）。由此可见，实际工作时间与法定工作时间完全一致。

按照国家规定，从 365 天中扣除 52 个星期的公休日 104 天，再剔除法定节假日（元旦、春节、端午节、清明节、劳动节和国庆节）11 天，全年应工作时间为 250 天，平均每月工作（250 天/12 月）20.83 天；按每天工作 8 小时计，则平均每个月应工作 20.83 天×8 小时/天 = 167 小时（蒋冠庄，2008），最终可推导出工资率等于月工资收入÷（20.83 天×8 小时/天）。

在每天 8 小时的工作时间中，不仅包括作业时间，还涉及准备结束时间、劳动者自然需要的中断时间和工艺中断时间，而时间利用调查通常仅涉及作业时间，由于不够全面势必低估志愿劳动的虚拟报酬。许多志愿者仅在付酬工作之余从事志愿劳动，或在公休日、节假日期间提供志愿服务，说明志愿劳动与付酬劳动之间是相互补充而非排斥的关系；按照《中华人民共和国劳动法》第四十四条的规定，如果劳动者在休息日和法定节假日工作并且没有安排补休，则需支付额外的工资报酬，其中，在休息日工作的工资标准为不低于平常的 2 倍，在法定休假日工作的工资标准为不低于平常的 3 倍。从替代的角度来看，志愿劳动的工资率计算也应遵循这一规定。

工作时间核算还需注意同时发生的志愿劳动和多人从事的志愿劳动。同时发生的志愿劳动针对的是单个志愿者，即"志愿劳动"与"志愿劳动"的组合，如一边做饭一边清洁等；除此之外，还存在"志愿劳动"

与"非志愿劳动"的组合以及"志愿劳动"与"休闲活动"的组合，前者包括"志愿劳动"与"无酬家务劳动"，"志愿劳动"与"付酬劳动"的组合，后者如一边洗衣一边听收音机或看电视等（Ronald A. Dulaney 等，1992，第116~118页）。

在"志愿劳动"与"非志愿劳动"的组合中，只需核算其中的志愿劳动；至于同时发生的志愿劳动还需区分主要活动和次要活动[①]，可通过增加值、中间消耗所占的份额决定，也可通过劳动时间或劳动强度做出判断。从核算方法来看，具体有三种（徐蔼婷，2011）：

（1）重复时间记录法：即同时核算主要与次要活动，兼顾了所有的活动却导致一天的时间累计超过24小时，因而不可行。

（2）单一活动记录法：仅核算主要活动，导致志愿劳动虚拟报酬的低估。

（3）复合活动记录法：重新定义同时发生的志愿劳动，将其处理为复合活动。然而，并非所有的活动均可如此处理，例如，将洗、剪、吹等活动组合起来形成理发活动，却无法组合做饭和洗衣等；如果能够对活动进行复合，尚需汇总各种活动的劳动成本，以计算复合活动的工资率。

基于此，在大多数情况下只能使用单一活动记录法，例如，中国时间利用调查（2008）。如果同时发生两项志愿劳动，则必定遗漏一项；如果其中的主要活动是SNA生产活动，次要活动为志愿劳动，则由于SNA生产活动已经纳入国民核算的中心框架，反而不会出现遗漏。

至于多人从事的志愿劳动，如果能够区分每个志愿者的劳动时间，则按常规核算即可。假定三人实施的志愿劳动，一共花费了8小时，其劳动过程是前后衔接的，或说是流水线式的，分别耗时3小时、2小时、3小时，此时可按比例分配记录法进行核算。首先，分配时间；其次，分别核算各个志愿者的劳动价值，通过汇总得到该活动的虚拟报酬。反之，如果3名志愿者都劳动了8小时，可采用时间价值分配记录法实施核算。首先，根据劳动时间确定志愿劳动的虚拟报酬；其次，依据各成员的劳动强度和重要程度进行分割。总之，工作时间的核算原则是确保同一活

---

① SNA2008指出了同样的问题，即"多重任务"的处理，是按活动分配时间还是每一活动均按同一时间处理，但SNA2008没有给出结论和建议（联合国等，2008，第29.147段）。

动的时间测度不出现重复。

四、中国志愿劳动核算

中国的志愿劳动统计包括民政部门的社会服务统计和国家统计局的时间利用统计，前者从"组织"后者从"住户"角度统计志愿劳动时间，但在覆盖范围、指标种类和设计等方面存在不同。

（一）民政部门统计

中国民政部门的社会服务统计涵盖了赠与和志愿劳动，一共设置了九个指标。"直接接收捐赠款数""捐赠衣被总数""捐赠其他物资价值"仅指民政部门接收的第一次捐赠，没有包括尚未到账的承诺捐赠和社会组织接收的捐赠。社会服务统计中的社会捐赠类似于赠与，但接受方的范围更宽，包括政府部门（如民政部门）和其他部门（主要是社会组织）。将上述三个捐赠数据加总，即可得到民政部门接收的捐赠总额；而其他物资包括有价证券、固定资产、股权、无形资产和文物文化资产等的折价，因而涉及经常转移和资本转移，但没有按权责发生制核算。此外，社会服务统计还涉及三个包含重复计算的社会捐赠，例如，"间接接收捐赠""其他部门转入的捐赠衣被累计总数""其他部门转入的其他捐赠物资价值"，包括上级民政部门下拨、下级民政部门上缴和其他部门的转入数额。相对而言，民政部门在社会捐赠方面的统计测度较为全面，同时还设计了"受益人次数""社会捐赠接收站点数""慈善超市数"三个描述受益方和捐赠工作的指标（民政部，2014，第180~181页）。

按照《民政部办公厅关于增加志愿者统计指标的通知》（民办函〔2011〕318号）（以下简称《通知》）要求，从2011年起在民政事业发展统计指标中增加志愿者人数和志愿服务时间两项指标（民政部，2014，第156页）。依据《通知》给出的定义，志愿者是"不以获取报酬为目的，自愿奉献时间、精力、知识、技能为社会公众利益服务的人员"，同时建议按性别、年龄、学历和职称分组，而志愿服务是"本年度志愿者提供志愿服务的时间总量"（民政部，2014，第180页）。尽管也有一些定义（如Estonian Ministry of the Interior，2006；详见表5-8）认为，志愿者除了时间之外，还奉献了精力、知识和技能，但从时间入手进行核算已经综合考虑了精力、知识和技能，一些志愿者从事志愿劳动的目的之一还在于获取知识和技能，而与志愿者相对应的志愿服务又仅定义为

"时间的奉献"，导致两个指标在口径上不对应。也就是说，理论定义可以宽泛一些，但在指标设置时应该定义严谨。

民政统计还设置了"志愿者组织数"和"注册社区志愿者人数"两个指标（民政部，2014，第185页）。志愿者组织指区、街道和居委会所建立的社区志愿者组织，注册社区志愿者人数指在民政部门及其授权机构（包括志愿者协会、社区自治组织和志愿者组织等）注册的社区志愿者数量，其中，"社区志愿者登记注册的人数应达到本社区居民的1%以上，80%以上的志愿者每月义务服务不少于两次"。然而，民政部门所统计的志愿劳动仅限于社会服务领域，例如，2016年有931.0万人次在社会服务领域提供了2522.6万小时的志愿服务（见表5-13），包括提供住宿和不提供住宿的社会服务，其范围小于联合国试验性分类体系，显然会导致低估。由于尚未将志愿劳动时间转化为志愿劳动的虚拟报酬，因而也无法直接融入非营利机构核算，例如，包括志愿劳动的非营利机构产出和增加值等。

表5-13 2005~2016年中国赠与及社区服务志愿劳动

年份	赠与（亿元）	志愿劳动	
		志愿者人数（万人次）	志愿劳动小时（万小时）
2005	60.3		
2006	83.1		
2007	132.8		
2008	744.5		
2009	507.2		
2010	596.8		
2011	490.1		
2012	578.8	1293.3	3639.6
2013	566.4	1368.8	3579.7
2014	604.4	1095.9	2711.1
2015	654.5	934.6	2700.7
2016	827.0	931.0	2522.6

资料来源：中华人民共和国民政部官网、2012~2016年社会服务发展统计公报。

尽管民政部门的赠与统计比较全面①，但志愿劳动统计存在着"漏统"现象。在现实生活中，涉及志愿劳动的部门和协会还有许多，例如，中国青年志愿者的活动项目包括西部计划、关爱行动、阳光行动、海外计划、暖冬行动和节水护水行动等。一些政府机构（如教育部、卫生部和文化部等）、党团组织和工青妇、国家统计部门和调查队、非营利部门、专业协会、工会、研究所、环境保护组织、媒体和宗教界等也或多或少地介入了志愿劳动与相关统计。如果各个部门和协会能够建立自己的数据来源，则可最大限度地弥补数据缺口，因为各个部门和协会所关注的重点不同。但令人遗憾的是，除了民政部门之外，其他部门和协会尚未建立志愿劳动统计，或不够规范而无法提供有效的数据。

（二）时间利用统计

2008 年 5 月，国家统计局社会和科技司在北京、河北、黑龙江、浙江、安徽、河南、广东、四川、云南和甘肃 10 省市实施了中国首次时间利用调查（以下简称 CHTUS2008）②，调查的一个主要目的就是探索有酬和无酬劳动的计量方法，为国民核算体系提供参考依据。由此可知，CHTUS2008 涉及志愿劳动，尽管志愿劳动调查可内嵌于劳动力调查之中，但时间利用调查以住户调查为平台，即从供给方入手调查志愿劳动的发生频率、时间长度，还可进一步获取工作类型、组织类型和资助力度等信息。

1. 调查对象

CHTUS2008 计划调查约 18000 个家庭户，预计 4.5 万人，实际调查了 16661 户 37142 人；其中，城镇 19621 人，乡村 17521 人，男性 18215人，女性 18927 人。

从理论上来看，志愿劳动的调查对象可以是"个人"（住户成员）也可以是"人群"（家庭、组织或社区等），而 CHTUS2008 以家庭户为调查

---

① 正因为此，中国志愿组织的统计注册应和非营利机构统计注册一样挂靠于民政部，因为民政部已经拥有一套社会团体和民办非企业单位的登记注册系统，登记注册的非营利机构和志愿组织占了相当比重，因而注册体系建立的工作量较小，并且由民政部门统一管理这些"民间志愿组织"也更为合适。

② 资料来源：国家统计局《关于印发 2008 年时间利用调查方案的通知》（国统字〔2008〕41 号）。

单位，包括年龄在 15~74 岁的住户成员①。通过"与户主关系"可以看出 CHTUS2008 将家庭成员分为九类（见表 5-14），最值得关注的是"其他"，如果与其他家庭成员无亲缘关系，则"家庭户"相当于 SNA 中的住户，但遗憾的是没有加以说明。此外，CHTUS2008 还规定调查期间不在本户居住的人口可不填写调查日志，因而排除了机构住户，甚至那些短期进入医院、诊所、疗养院和宗教场所的人员也有可能未纳入调查范围，包括出差和在外求学人员等。一般来说，劳动力调查通常会排除机构住户、居住在遥远地区的人口或很难调查的地区及没有固定住所的人（如无家可归者和游牧民族等），而 CHTUS2008 也将这些人群排除在外。尽管如此处理减轻了调查负担，但也存在一些问题：排除病人、囚犯和居住在养老院中的人口是可以理解的，但宗教团体成员和军人应该包括在内，尤其在中国，现役军人在志愿劳动中发挥了重要作用。

表 5-14　2008 年中国时间利用调查的项目

调查项目	项目选项
与户主关系	0. 户主；1. 配偶；2. 子女；3. 父母；4. 岳父母或公婆；5. 祖父母；6. 媳婿；7. 孙子女；8. 兄弟姐妹；9. 其他
性别	1. 男；2. 女
民族	1. 汉族；2. 少数民族；3. 其他
受教育程度	1. 未上过学；2. 小学；3. 初中；4. 高中（中专中职）；5. 大学专科；6. 大学本科；7. 研究生及以上
婚姻状况	1. 未婚；2. 有配偶；3. 丧偶；4. 离婚
职业或身份	01. 工人；02. 职员；03. 务农农民；04. 务工农民；05. 经商农民；06. 司售人员；07. 服务人员；08. 干部；09. 教科文卫体人员；10. 个体工商业者；11. 私营业主；12. 无业（失业）人员；13. 离退休人员；14. 在校学生；15. 家务劳动者；16. 其他

资料来源：中国国家统计局《关于印发 2008 年时间利用调查方案的通知》（国统字〔2008〕41 号）。

---

① 也有一些人群的年龄规定略有差异，例如，按职业或身份分组的"工人"（见表 5-14），是指在国家各级机关、社会团体、事业单位、全民或集体工商企业、外国驻华机构、中外合资合营或外国独资工商企业，及其他有关单位正式登记入册，从事体力劳动并领取工资报酬，年满 16 周岁的人员。然而，如果年龄介于 15~16 岁的此类人员从事了志愿劳动，未进行统计势必导致遗漏。

从资料的翔实程度来看，调查本人能够获取更多更准确的信息，如果通过其他住户成员进行代理调查，或许结果不太可靠，因而CHTUS2008直接剔除了不在户人员。一般来说，代理调查在劳动力调查中大多能取得满意的效果，因为代理者一般明了被代理者的就业信息，却不一定知晓其志愿活动的状况，许多代理者并非志愿者，或会产生回应偏差。因此，ILO（2011）不鼓励在志愿劳动调查中采取代理调查，建议实施直接调查。

从民族来看，CHTUS2008将中国人口区分为汉族、少数民族和其他，其中少数民族包括先前为外国国籍，现在已加入中国国籍的人口，而"其他"则指非中国籍人员，意味着CHTUS2008包括了外籍人口在中国的志愿行为，但调查方案同样没有说明这些外籍人口是常住单位还是非常住单位，应该成为调查内容，有利于研究志愿劳动和虚拟报酬的国际间流动。值得一提的是，CHTUS2008的核算思路显著不同于澳大利亚的"赠与及志愿活动住户调查"①，该调查不仅排除了外国外交人员及其家庭成员，而且还将那些在澳大利亚的其他外国常住者摒弃在外，显然是不合适的。虽然CHTUS2008包括了外籍人员在中国的志愿劳动，却未完整兼容中国人口的国际志愿劳动，例如，中国人口向来华的外籍人员（旅游者、大型涉外活动的参与者等）提供的志愿服务被纳入了统计范围，但在国外从事的志愿劳动却未包括。还需注意的是，CHTUS2008的民族划分没有列示少数民族的详细类别；尽管少数民族的人数较少，且相当一部分分布于边疆地区，"但其从事志愿活动的观念和动机也许不同于主体民族"（独立部门，2001，第21页），很有研究价值，故应在样本中增大其产生概率。观察可知，CHTUS2008的调查范围涉及北京、河北等10个省市，既包括了东部、中部和西部地区，也涵盖了发达和欠发达省市，但西部省份似应选择新疆更合适，因为少数民族较多，更有利于研究民族特点对志愿活动的影响。此外，志愿活动调查一般可细分为两类：第

---

① "赠与及志愿活动住户调查"所包括的调查内容可分为三个部分：①人口统计学信息。如志愿者的年龄、性别、教育水平、收入水平、常住地和宗教归属，但未包括民族和种族信息，对志愿活动而言这是一个较为严重的信息缺失。②活动信息。如被调查者实施志愿劳动的时间和赠与等，相对其他时间利用调查，"赠与及志愿活动住户调查"由于包括了赠与而更加全面。③被调查者对志愿活动的态度和看法。通过该项调查能够计算出住户部门的赠与总额和志愿劳动的虚拟报酬，深入了解住户赠与及志愿活动参与的原因和动机，以及志愿者和非赠与者、非志愿劳动者之间的区别，等等。

一类调查收集志愿活动的发生量和人口统计信息（客观性调查），例如，志愿者的年龄、性别、收入水平、志愿时间投入、工资率和赠与等，一般需要一个较大规模的样本，例如，澳大利亚 1997 年时间利用调查的最终样本为 4555 户共 7260 人（Dennis Trewin，1997，第 30 页）；第二类调查了解调查对象对志愿活动的看法、态度和动机等（主观性调查），仅需选择一些典型人物或组织即可，如此可减小调查工作量并同样获取满意的调查结果。

2. 调查时间

许多国家的时间利用调查将住户无酬的家务劳动与志愿劳动合并处理，且以无酬家务劳动为主。无酬家务劳动的实施会存在一些季节变动，与工作日和非工作日有关，例如，一些家务劳动安排在平时而另一些在周末进行。当然，也存在一些随机变动，如果家里来了客人，某些家务劳动量可能会增加，例如，膳食制备和住宿服务等。但在现实生活中，无酬家务劳动天天进行且很有规律，故无论在哪一个时段进行调查其结果大都相同或变动不大；从调查期限的选择来看，时间利用调查更应考虑志愿劳动的变动特点。

与付酬劳动和家务劳动相比，志愿劳动一般不会频繁和有规律地出现，也存在季节变动。由于志愿劳动的本质是为他人提供帮助，自然也受一些偶然因素的影响，例如，海啸、地震、暴风雪、洪水、台风等自然灾害和选举、战争、恐怖袭击等政治事件。如果调查期限过短有可能出现遗漏，过长又会影响回忆的精确度，折中处理的办法是在一年之内进行为期四周的调查。例如，澳大利亚 1997 年的时间利用调查分为四个时段：1 月 27 日~2 月 8 日、4 月 21 日~5 月 3 日、6 月 23 日~7 月 5 日、10 月 27 日~11 月 8 日，不同之处仅在于每个时段均为两周，但大体覆盖了整个年度（Dennis Trewin，1997，第 30 页）。显然稍长一些且大致均匀的调查期限有利于采集规律性不强的志愿劳动信息，同时又不至于出现回忆困难而影响结论的准确性。事实上，一年四周的调查比一年一周的调查更有利于确认季节和不规则变动；反之，若调查时期仅限于一年之中的某一周，则应选择较为平稳的月份。

CHTUS2008 的调查期限为 2008 年 5 月，即通过调查对象 5 月的时间利用情况以推断全年。对于每一个调查户，需要确定在 1 个连续 7 天内的 1 个工作日（周一至周五）和 1 个休息日（周六至周日）作为调查日期，

同一调查户内各成员的调查时间相同。尽管 CHTUS2008 没有阐述理由，但可以推测 5 月的住户活动较为平稳，代表性较好。然而，CHTUS2008 所确定的调查期限遗漏了一些本年度重要的志愿活动，例如，2008 年北京奥运会和汶川大地震等。虽然时间利用调查的目的之一是推断住户全年的时间利用状况，但相当份额的志愿劳动与意外和特定事件密切相关，没有规律或规律性弱正好是志愿活动的本质。

3. 调查分类

出于国际可比和中国国情的考虑，国家统计局拟定了 CHTUS2008 专用的《时间利用统计的活动分类》，共分为 9 个大类、61 个中类和 113 个小类，其中，大类 1~4（就业活动、家庭初级生产经营活动、家庭制造与建筑活动、家庭服务经营活动）为 SNA 生产活动（有酬劳动），大类 5~6（为自己和家人最终消费提供的无酬家务劳动、照顾家人和对外提供帮助）为非 SNA 生产活动（无酬劳动），大类 0、7 和 8（个人活动、学习培训、娱乐休闲和社会交往）为不可替代的活动。志愿劳动涉及两个中类，即第 63 中类，仅设置了一个小类（630）——对其他家庭提供的无偿家务帮助，例如，接人送物、物品修理、照顾孩子或宠物、卫生清洁和购买物品等；第 64 中类也仅设置了一个小类（640）——社区服务与公益活动，指参与选举投票和参加公益活动，包括参加社区或慈善机构组织的公益活动、参加相关会议、培训和学习等。此外，第 69 中类的第 699 小类（相关交通活动），包括与志愿劳动有关的交通活动。

正如本节"志愿劳动的分类"中所指出的，CHTUS2008 的活动分类更接近联合国分类的正式版。随着中国非营利暨志愿活动的蓬勃发展和国际比较的需要，中国志愿劳动核算应该直接采用联合国分类。正如本次调查所使用的《时间利用统计的活动分类》特别注明了"仅供 2008 年时间利用调查编码使用"，相信在今后的实践中会逐渐完善。

4. 调查日志

志愿劳动调查主要有日志调查和问卷调查两种方式，前者以日记的方式记录住户成员一天的时间利用状况，后者预先设计一套调查问卷，然后按照一定的逻辑结构反复询问调查对象，通过回复来了解志愿劳动的参与信息。两种方法各有千秋，例如，问卷调查能够将容易忽略的信息包括进来，但提问太多会使调查对象感到疲惫或者厌烦，而且成本较高；日志调查将直接填表和回忆补填结合起来，可随时填写或事后填写，例如，在活动发生的同时填写或活动结束后马上填写，也可在当天晚上上填写，即在日志填写日的当天晚上回忆并填写全天的所有活动；或在第二天补录，指在规定日志填写日的第二天回忆完成日志填写。由于活动发生与记录时间之间的间隔较短，因而有利于确保调查质量，并且成本较低，适用于容量较大的样本，同时也要求调查对象具备一定的文化程度和辨识能力[①]。尽管 ILO（2011）推荐的是问卷调查，但通过成本效益的比对，CHTUS2008 采取了日志调查（见表 5-15），日志表的起止时间为当天凌晨 4 点至次日凌晨 4 点，以 10 分钟为间隔记录所发生的活动。如此设置考虑了住户活动的特点，如早餐店的运营等，尽量与住户的日常工作生活习惯保持一致。

表 5-15　CHTUS2008 调查日志设置

提问	选项
1. 您正在做什么？	
2. 从事主要活动时您在哪里？	1. 活动地点 （1）住所内（含他人住所）；（2）工作或学习场所；（3）大街、公园等公共场所；（4）银行、商店、邮局、医院、宾馆等公共服务场所；（5）餐馆、酒吧、茶馆、快餐店等餐饮场所；（6）电影院、歌舞厅、网吧、体育场馆等文体娱乐场所；（7）其他场所 2. 交通方式 （8）步行；（9）乘骑自行（摩托）车；（10）乘公共交通工具；（11）乘驾小轿车；（12）乘驾其他机动车；（13）乘驾牛、马车等畜力车；（14）其他交通方式
3. 您同时还做什么？	
4. 主要活动开始时与谁在一起？	（1）独自一人或与陌生人；（2）家人（0~6 岁、7~64 岁、65 岁及以上）；（3）其他相识的人

资料来源：中国国家统计局《关于印发 2008 年时间利用调查方案的通知》（国统字〔2008〕41 号）。

[①]　CHTUS2008 适当考虑了调查对象的一些特殊情况。例如，"对于无阅读书写能力的调查对象，应及时回访，了解其日志表填写情况，帮助填写或解决有关问题"（国家统计局，2008）。也就是说，CHTUS2008 采取了区别对待的方式，如自己填写、由调查员回访填写以及由家人帮助填写；即使是能够自己填报的调查对象，也要求调查员三次回访，同时确保了调查工作的时效性和调查质量。

从结构上看，CHTUS2008 的调查日志可以区分为三个组成部分。

（1）活动种类。"您正在干什么"和"您同时还做什么"分别用于确定主要活动和次要活动，要求具体描述所从事的活动。例如，不能笼统地填写"个人卫生活动"，而应准确叙述"刷牙""沐浴"等，如果能严格按照《时间利用统计的活动分类》填写则最好。住户成员也可能什么事都没有做，例如，在"沉思""无所事事"或"消磨时间"，但活动分类中没有类似的选项，似应纳入"个人活动"。此外，日志调查要求填报者以自己的语言来描述活动，并且自己判断主要活动与次要活动。然而，调查方案没有给出主要和次要活动的区分方式，在活动分类中也仅指出"看护孩子"一般为次要活动，如此处理可能导致调查结果的不严谨。

按照 SNA2008 的诠释，主要活动与次要活动的区分取决于增加值所占的份额，"如果某项活动在一家生产单位所产生的增加值超出该单位所有其他活动，则该项活动就是该单位的主要活动"，并且"主要活动的产出必须是能供应给其他机构单位的货物与服务"（联合国等，2008，第5.8段），类似地，可以理解次要活动。由于 CHTUS2008 也调查无酬家务劳动，所生产的服务仅供家庭内部使用，故该定义实际上失去了原来的意义，但对志愿劳动仍然有效。还需指出的是，日志填报者可能并不知晓主要和次要活动的区分原理，也不一定明晰增加值核算理论，因此，有可能填错，这就要求在表格审查时予以纠正，也是日志调查不如问卷调查的原因之一。

（2）活动性质。CHTUS2008 通过活动地点来判别活动的性质。如果活动地点为银行、商店、邮局、医院和宾馆等公共服务场所，说明调查对象的身份是生产者或消费者，例如，去银行取钱，去商店购物，去医院看病，等等。① 如果调查对象在他人住所内、工作或学习场所以及大街、公园等公共场所（其编码为活动场所1、2、3），则有可能是志愿者。然而，通过活动地点来判别志愿活动有些武断，例如，在他人住所内对其他住户提供免费帮助属于志愿劳动，但在餐饮场所免费帮厨以赈济流浪者也同样属于志愿劳动。因此，针对活动场所的简单规定可能会遗漏

---

① CHTUS2008 同时指出：对于从事公交、出租、航空、水运、铁路、公路运输的人员，交通工具是工作场所而非交通方式；农田、渔场、林场、牧场等是农民的工作场所。银行、商店、邮局、医院、餐馆等对从业人员来说是工作场所，对作为顾客的调查对象来说是公共服务场所。

志愿劳动，实践中尚需结合活动种类进行判定。还有一点需注意的是，由于 CHTUS2008 调查的是中国居民的时间利用状况，并非专门针对志愿劳动，因而在活动地点方面没有考虑诸如"受灾区域""战争区域""恐怖袭击区域"地点，而这些区域通常会产生大量的志愿者和志愿劳动。

此外，CHTUS2008 在提及志愿劳动时更多地强调"无酬"而未提及"非强制"，例如，"对家庭以外人员提供的无酬照料与帮助活动"，再加上"公民履行义务参与选举投票以及参加公益活动"等描述，有可能将那些"强制性志愿劳动"包括进来。因此，应该在活动分类的第 630 类和第 640 小类中，增加一些约束条件，例如，如果未付酬工作是政府强制或者法庭指定的，应予以排除；如果未付酬工作是雇主作为雇佣条件所要求的，或列为学生毕业的条件等，也应排除。在志愿劳动调查中，也应关注为亲戚实施的未付酬工作。如果亲属没有共同居住、共享部分或全部收入且共同消费的话，应归入不同的住户，意味着非同一住户的亲属之间仍有可能产生志愿劳动，例如，子女与父母分开居住，分属两家住户，则子女向父母提供的无偿帮助属于志愿劳动。可以推测，发展中国家的家庭规模一般偏大，更多的住户成员生活在一起，导致发达国家志愿活动的出现率可能高于发展中国家。为避免误判，应增加约束条件：如果所实施的未付酬工作服务于你的亲属（如父母、祖父母、阿姨姑妈、叔叔伯父、堂兄堂弟、兄弟姐妹或生活在家庭中某人的孩子），他们与你居住在一起、共享部分或全部收入，并共同消费吗？

尽管志愿劳动被定义为无报酬的劳动，但志愿者仍有可能收到成本补偿或低价值水平的服务提供（如餐饮或运输服务）及作为感谢的象征性礼品，甚至获取一些薪金支付。因此，还需增加一个约束条件：在向他人提供帮助或服务期间，是否收到回报？收到了何种回报（现金或实物等）？近似价值为多少？由于志愿者可能会得到一些回报，为不致引起误解，最好将"无酬"改为"未获取对等的回报"。

（3）服务对象。日志调查的主要内容包括谁、为谁、和谁、目的、场所、活动类型和同时进行的活动等，其中，"为谁"和"目的"可用于判断活动的性质。基于此，CHTUS2008 设置了"主要活动开始时与谁在一起"这一提问，包括三个回复选项："独自一人或与陌生人、家人（0~6岁、7~64岁、65岁及以上）和其他相识的人"。按照日志的规定，"与谁在一起"被限定为：在住所内，住所范围内的人视为在一起；在其他地点，与调查对象的主要活动有一定关联的人（无论是否参与活动）视为在一起。显然，通过上述信息可以推断活动的性质，至少可以肯定的是：与家人在一起可能出现的是未付酬的家务劳动等，而与陌生人以及其他相识的人在一起才可能产生志愿劳动。但是，若能将"独自一人或与陌生人"分拆为两项，则能更清晰地描述活动的性质到底是休闲活动还是志愿活动。

综合来看，在判断 CHTUS2008 中的志愿劳动时，最关键的识别标准是"干什么"，即是否从事第 630 类和第 640 小类的活动，同时其服务对象为家人以外的陌生人或其他相识的人，符合以上两项标准的活动应该归属志愿劳动。

（三）中国 2008 年志愿劳动虚拟报酬试算

由于 CHTUS2008 的调查范围更全，故在此基础上试算中国 2008 年的志愿劳动虚拟报酬，前提是必须获取志愿劳动小时和工资率数据。

1. 志愿劳动小时

由表 5-16 可知，中国住户的志愿劳动参与率并不高，两种活动的参与率分别为 1% 和 2%。从时间上来看，参与者对外提供帮助平均为 143 分钟/天，社区服务与公益活动平均为 60 分钟/天。总体平均来看，中国住户的志愿劳动小时排名较后，仅高于"家庭事务的安排与管理"，而与"饲养宠物""动手修理、维护和调试"活动并驾齐驱。

表 5-16　2008 年中国住户志愿劳动时间利用调查

活动分类	参与者平均时间（分钟/天）			参与率（%）		
	合计	男	女	合计	男	女
对外提供帮助	143	160	128	1	1	1
社区服务与公益活动	60	61	59	2	2	2

资料来源：国家统计局社会和科技统计司. 中国人的生活时间分配——2008 年时间利用调查表数据摘要［M］. 北京：中国统计出版社，2010：21.

接下来需测算单个志愿者的年度志愿劳动小时，全年工作时间按 250 天计算。

（1）年度对外提供帮助小时 = 143÷60×250 = 595.83 小时/年

（2）年度社区服务与公益活动小时 = 60÷60×250 = 250 小时/年

还需注意的是，与非 SNA 有关的交通活动为 15 分钟/人（其中，男性 12 分钟/人、女性 18 分钟/人），针对家务劳动、照顾家人、对外提供帮助、社区服务与公益活动，但无法从中分解出志愿劳动所对应的交通活动时间。此外，CHTUS2008 的调查对象是年龄在 15~74 岁的住户成员，调查结果显示其中有 1% 的住户参与了对外提供帮助活动，2% 的住户参加了社区服务与公益活动。查阅《中国统计年鉴（2009）》，其中，表 3-3《人口年龄结构和抚养比》列示了按年龄分组的人口数，包括 0~14 岁、15~64 岁和 65 岁及以上三组，2008 年 15~64 岁人口数为 96680 万人，占总人口的 72.7%，与 CHTUS2008 的调查范围相比缺少 65~74 岁的人口数。

2. 工资率

《手册》建议以社区、福利和社会服务职业的平均总工资为影子工资，与此最接近的是中国"居民服务和其他服务业""卫生、社会保障和社会福利业"等细分行业的工资。具体来看，居民服务业（82 大类）包括家庭服务、托儿所服务、洗染服务、理发及美容保健服务、洗浴服务、婚姻服务、殡葬服务、摄影扩印和其他居民服务，其他服务业（83 大类）涉及修理和维护服务（汽车、摩托车维护和保养、办公设备维修、家用电器维修、其他日用品修理等）、清洁服务（建筑物清洁和其他清洁服务）等，社会福利业（87 大类）包括提供住宿的社会福利和不提供住宿的社会福利，但卫生和社会保障业与《手册》建议无关。

值得一提的是，《手册》推荐的是相关职业的平均总工资，但能收集到且最为接近的资料是居民服务和其他服务业、社会福利业的行业平均工资（见表 5-17），其中还包括非社区、福利和非社会服务职业的工资数据，不过所对应的工资概念是总工资。[1]

按照每年工作时间 250 天，每天工作 8 小时计，可分别计算两类志愿劳动的影子工资率：

居民服务和其他服务业影子工资率 = 23801/（250×8）= 11.90 元/小时

社会福利业影子工资率 = 28554/（250×8）= 14.28 元/小时

---

[1] 按照年鉴的定义，工资总额的计算以直接支付给职工的全部劳动报酬为根据，无论是计入成本的还是不计入成本的，无论是按国家规定列入计征奖金税项目的还是未列入计征奖金税项目的，无论是以货币形式支付的还是以实物形式支付的，均包括在工资总额内。

表 5-17   2008 年中国细分行业的职工平均工资（部分）   单位：元

项目	合计	国有单位	城镇集体单位	其他单位
居民服务和其他服务业	23801	28598	16619	20815
居民服务业	25322	29162	15367	21054
其他服务业	22150	27407	17450	20673
卫生、社会保障和社会福利业	32714	33652	24223	28023
卫生	32861	33830	24270	28276
社会保障业	30765	30700	32404	31751
社会福利业	28554	29611	17521	16775

资料来源：中国国家统计局 . 2009 中国统计年鉴 ［EB/OL］. http：//www. mca. gov. cn/anticle/sj/fgzd/201504/201504158076409. shtml.

由《2019 中国统计年鉴》之表 4-6 可得各细分行业的就业人员数（见表 5-18），据此可计算志愿劳动的影子工资和影子工资率：

志愿劳动影子工资 =（23801×56.5 + 28554×12.4）/（56.5 + 12.4）= 24656.40 元/年

志愿劳动影子工资率 = 24656.40/（250×8）= 12.33 元/小时

表 5-18   按登记注册类型和细分行业的城镇单位就业人员数（2008 年底）

项目	就业人员数（万人）			
	合计	国有单位	城镇集体单位	其他单位
居民服务和其他服务业	56.5	28.8	8.8	19.0
居民服务业	29.2	17.9	3.6	7.7
其他服务业	27.4	10.9	5.2	11.3
卫生、社会保障和社会福利业	563.6	501.2	49.8	12.6
卫生	536.3	475.8	48.8	11.7
社会保障业	14.9	14.1	0.3	0.5
社会福利业	12.4	11.3	0.7	0.4

资料来源：中国国家统计局 . 2009 中国统计年鉴 ［EB/OL］. http：//www. mca. gov. cn/anticle/sj/fgzd/201504/201504158076409. shtml.

观察表 5-19 可知，试算选定的志愿劳动的影子工资（24656.40 元/年）在服务业中处于偏下的水准，低于交通运输仓储和邮政业、信息传输计算机服务和软件业、批发和零售业、金融业、房地产业、租赁和商务服务业、科学研究技术服务和地质勘查业、教育、文化体育和娱乐业以及公共管理和社会组织，仅高于住宿和餐饮业、水利环境和公共设施管理业。由于影子工资低于全国总计（29229 元/年），属于中下限估算，因而符合志愿劳动核算的相称性原则。

表 5-19　按细行业分职工平均工资（2008 年）　　　单位：元

行业	平均工资	行业	平均工资
全国总计	29229	金融业	61841
农、林、牧、渔业	12958	房地产业	30327
采矿业	34405	租赁和商务服务业	31735
制造业	24192	科学研究、技术服务和地质勘查业	46003
电力、燃气及水的生产和供应业	39204	水利、环境和公共设施管理业	22182
建筑业	21527	居民服务和其他服务业	23801
交通运输、仓储和邮政业	32796	教育	30185
信息传输、计算机服务和软件业	56642	卫生、社会保障和社会福利业	32714
批发和零售业	25538	文化、体育和娱乐业	34494
住宿和餐饮业	19481	公共管理和社会组织	32955

资料来源：中国国家统计局 . 2009 中国统计年鉴［EB/OL］. http：//www. mca. gov. cn/anticle/sj/fgzd/201504/201504158076409. shtml.

3. 试算

尽管没有 2008 年中国 15~74 岁的人口数资料，但若以 15~64 岁人口替代，也可对志愿劳动虚拟报酬做下限推断：

（595. 83×96680×1% +250×96680×2%）×12. 33 = 13062999. 31 万元 = 1306. 299931 亿元

以上测算意味着中国 2008 年志愿劳动的虚拟报酬不会低于 1306 亿元。查阅《2009 中国统计年鉴》可知，中国 2008 年的 GDP 为 30. 067 万亿元，因而中国志愿劳动的虚拟报酬占 GDP 的比重至少为 0. 43%。

上述试算源于参与者平均时间，也可由平均时间入手进行测算，两个指标的计算公式分别为（国家统计局社会和科技统计司，2010，编辑说明）：

$$参与者平均时间 = \frac{某类活动的全部时间（分钟）}{参与者人数（人）}$$

$$平均时间 = \frac{某类活动的全部时间（分钟）}{全部调查对象人数（人）}$$

根据国家统计局社会和科技统计司（2010，第 21 页）所提供的数据，对外提供帮助的平均时间为 2 分钟/人，社区服务与公益活动的平均时间为 1 分钟/人，由此可推导单个志愿者的志愿劳动小时为：

年度对外提供帮助小时 = 2÷60×250 = 8.33 小时/年

年度社区服务与公益活动小时 = 1÷60×250 = 4.17 小时/年

志愿劳动虚拟报酬的下限为：

（8.33+4.17）×96680×12.33 = 14900805 万元 = 1490.0805 亿元

从理论上来看，两种方法的测算结果应该相等；如果存在差异，则应以参与者平均时间为准。以上测度也存在一些不足，例如，影子工资计算中所使用的就业人员数是 2008 年底的数据，如果能有 2008 年平均就业人员数则代表性更好。令人遗憾的是，由于缺失中国 2008 年 65~74 岁组的人口数，致使无法准确计算中国 2008 年的志愿劳动虚拟报酬，但整个试算思路还是清晰的。

第四节　长表的编制

长表重点反映市场非营利机构的非市场生产和志愿劳动等非营利特征。其中的一些表格比较简单，如表Ⅱ.4（按非营利机构类型分组的付酬与志愿就业及报酬）在付酬就业的基础上增加了志愿就业，包括就业人数、全日制等值和虚拟报酬三个变量[①]。但相对而言，其他表格提供的信息量更大，描述生产范围的扩展对生产、收入分配和使用的影响，并且涉及各个机构部门。

---

① 类似地，表Ⅴ.2（按职业、性别和年龄分组的非营利机构付酬雇员、志愿者和成员）在付酬雇员的基础上增添了志愿者人数和成员人数，并按《国际标准职业分类》（ISCO）、性别和年龄进行复合分组。尽管表Ⅴ属于扩展核算，但如果获取了数据，也可提前至长表阶段编制。

一、市场非营利机构的非市场产出

将市场非营利机构的非市场产出纳入卫星账户，势必导致产出和增加值变动。以表 5-2 为例，当成本大于销售收入时，如果按 SNA1993 的核算规则，该市场非营利机构的产出为 69，增加值为 44（=69−25）；如果考虑非市场生产，市场非营利机构的产出为 91（=69+22），增加值升至 66（=91−25）。归纳可知，SNA1993 中的市场非营利机构仅提供市场产出，但在《手册》中，产出和增加值的计算公式为：

产出=销售收入+（成本−销售收入）=市场产出+非市场产出=成本

增加值=产出−中间消耗=成本−中间消耗

由此可知，生产范围的扩展使市场非营利机构的产出和增加值均出现了变动，但不同的市场非营利机构在核算处理方面存在一些差异。

（一）为企业服务的市场非营利机构

《手册》认为，为企业服务的市场非营利机构的非市场产出对应赞助企业的中间消耗，因而非营利机构的 GDP 保持不变（联合国，2003，第 4.30 段）。然而，这一推断是不正确的。

假定 B 单位是为企业服务的市场非营利机构，A 单位是企业（以下简称 B 机构和 A 企业）。B 机构当期的销售收入为 80，成本为 100（其中，中间消耗为 30）；A 企业当期产出为 600，中间消耗为 420。由于 B 机构的成本大于销售收入，故其非市场产出为 20，总产出升至 100，增加值也由 50（=80−30）变动至 70（=100−30）。至于 A 企业，不考虑市场非营利机构的非市场产出时，增加值为 180（=600−420）；实施市场非营利机构的非市场产出核算之后，增加值变动至 160（=600−440）。将市场非营利机构的非市场产出纳入卫星账户之前，两个单位所创造的 GDP 为 230（=50+180），纳入卫星账户之后的 GDP 仍为 230（=70+160），故对 GDP 没有影响。

在 SNA1993 背景下，A 企业从 B 机构获取的中间产品估值为 80；但在卫星账户中，这一中间产品的价值为 100，也就是说在 SNA1993 中 B 机构的产出被低估了，同时导致 A 企业的中间消耗低估。修正之后，为企业服务的市场非营利机构的产出和增加值都增长了，赞助企业的中间消耗也等量增加，最终 GDP 没有变动。

（二）为住户服务的市场非营利机构

《手册》推荐的处理方式是：增加的非市场产出转化为住户部门的最终

消费支出，同时记录一笔等值的转移由为住户服务的市场非营利机构流入住户部门，以平衡两个部门的账户，类似于住户部门获得转移收入之后再向市场非营利机构购入非市场产出（联合国，2003，第4.30段）。《手册》处理严格遵循了SNA1993的惯例，即非市场非营利机构和政府单位的消费支出由其非市场产出构成，等于其运作成本减去市场销售收入，而公司和市场非营利机构没有最终消费（联合国，2003，第4.16~4.17段）。

尽管SNA1993和《手册》均将实物社会转移定义为发生在政府、为住户服务的非市场非营利机构（NPISH）与住户之间的个人货物与服务的转移，但为住户服务的市场非营利机构的非市场产出也同样提供给了住户，涉及的产出也主要是教育和医疗服务，应如何界定这一流量，是否也应归入实物社会转移？《手册》实际上回避了这一问题，没有给出明确的界定（联合国，2003，第4.30段），但在表Ⅳ.4b（按部门和机构类型及目的分类的个人最终消费支出）中将其等同于用于住户个人的公共消费支出，进而归入住户实际最终消费。从逻辑上来看，既然《手册》认为，市场非营利机构不仅生产市场产出而且也能提供非市场产出，则非市场产出的核算处理理应与SNA保持一致。SNA2008第23章（非营利机构）意识到了这一问题，指出不应将市场非营利机构的非市场产出处理为住户部门的最终消费支出，而应将市场非营利机构区分为从事市场生产和非市场生产的基层单位，并将非市场产出记录为非市场基层单位的消费支出，进而构成住户实际最终消费的一部分（见表5-20）（联合国等，2008，第23.32~23.33段）。这一改进是对《手册》的修正，拓宽了消费主体的范围，意味着为住户服务的市场非营利机构的非市场基层单位具备消费功能，与政府、NPISH一道成为住户实物社会转移的提供方。

表5-20　市场非营利机构及住户的生产、收入分配与使用账户
（以表5-2非市场产出资料为例）

账户	SNA1993 的核算处理			
	为住户服务的市场非营利机构		住户	
	使用	来源	使用	来源
生产		非市场产出　0		
收入使用			最终消费支出　0	

续表

手册的核算处理				
账户	为住户服务的市场非营利机构		住户	
	使用	来源	使用	来源
生产		非市场产出　22		
收入分配	经常转移　22			经常转移　22
收入使用			最终消费支出 22	

SNA2008 的核算处理				
账户	为住户服务的市场非营利机构		住户	
	使用	来源	使用	来源
生产		非市场产出　22		
收入分配	实物社会转移　22			实物社会转移　22
收入使用			实际最终消费 22	

二、志愿劳动的虚拟报酬

《手册》将志愿服务界定为非市场产出，并按成本估算（联合国，2003，第4.35段）。由于卫星账户仅核算志愿服务，而志愿劳动的虚拟报酬占据了志愿服务产出价值的相当份额，因而手册定义是科学的。从流量处理来看，《手册》将志愿劳动分解为两种类型（联合国，2003，第47页）。

（一）提供给非市场非营利机构的志愿劳动

非市场非营利机构既包括政府部门控制的非市场非营利机构也包括为住户服务的非市场非营利机构（NPISH）。正如前述，核算中仅需考虑志愿劳动的虚拟报酬，非劳动投入已经计入了非营利机构的生产账户。核算流程是在考虑志愿劳动之后，非市场非营利机构的产出和最终消费支出同步增加，之后在收入形成账户中记录支付给住户的"虚拟报酬"，导致住户部门的劳动报酬增长；住户部门再通过经常转移将"虚拟报酬"支付给非市场非营利机构，致使两者的储蓄均未发生变动。观察可知，志愿劳动所生产的非市场产出在使用上与用于住户个人的公共消费支出高度一致，因而SNA2008进一步指出，将志愿劳动纳入卫星账户还将增加非市场非营利机构的实物社会转移支出和用于住户个人的公共消费支出，进而

引致住户实物社会转移收入和实际最终消费的增长（联合国等，2008，第23.36段）。

（二）提供给市场非营利机构的志愿劳动

对于为企业服务的市场非营利机构，涉及三个交易方。核算处理的基本思想是：住户向非营利机构提供了志愿劳动，然后非营利机构将增加的产出销售给企业，导致企业中间消耗增加；住户在获取虚拟报酬之后，又通过经常转移支付给企业，意味着企业从志愿劳动中获益，但交易三方的储蓄均未发生变化。

1. 为企业服务的市场非营利机构

志愿劳动的虚拟报酬导致非营利机构的产出和增加值增长，因为现在的产出＝原来产出＋虚拟报酬，由于中间消耗不变，故现在的增加值＝现在的产出－中间消耗＝原来的增加值＋虚拟报酬。由于市场非营利机构的产出和应付虚拟报酬同时等额增加，因此，储蓄没有变动。

2. 企业

企业向非营利机构缴纳会费，目的是购买服务，会费即为非营利机构的服务销售收入。由于为企业服务的市场非营利机构的产出是会员企业的中间消耗，而中间消耗因虚拟报酬而增加，意味着现在与企业产出对应的中间消耗＝原来的中间消耗＋虚拟报酬，增加值＝产出－现在的中间消耗，因此，会下降，下降幅度正好等于虚拟报酬，但同时在收入再分配账户会获取等量的来自住户部门的经常转移，一增一减对储蓄没有影响。

3. 住户

应收雇员报酬增加，同时经常转移支出增加，故储蓄保持不变。

无论是市场非营利机构的非市场产出还是志愿劳动的虚拟报酬，《手册》在处理这些新增变量时遵循"储蓄不变"的原则，意味着卫星账户仅在生产、收入分配和使用部分的流量可能会发生变动，但存量核算不变，与SNA账户体系保持一致。因此，即便将新增内容并入SNA账户，也仅需关注其中的部分流量。

（三）其他志愿劳动的处理

从目的来看，卫星账户仅核算提供给非营利机构的志愿劳动。但正如《手册》所指出的，企业也可能向非营利机构提供实物捐赠，例如，法律或核算服务等，其中，所包含的志愿劳动不属于卫星账户的核算内容，因为这一劳动没有提供给非营利机构。此外，也有一些志愿劳动提供给了为住户服务的市场非营利机构，但《手册》没有指明核算方法。依据市场非营利机构的非市场产出的核算思路，其核算方法应该等同于提供给非市场非营利机构的志愿劳动，因为为住户服务的市场非营利机构已经被细分为市场和非市场两个基层单位。类似地，也可参照同样的思路核算发生在住户部门内的志愿劳动。值得一提的是，欧洲核算体系（如 ESA1995）在住户部门也设置了非营利机构，因此，还需核算提供给住户部门非营利机构的志愿劳动，而 SNA2008 和 CSNA2016 没有这些核算任务。

三、长表的处理

将市场非营利机构的非市场产出和志愿劳动的虚拟报酬纳入卫星账户，具体可区分为两个层次。

（一）综合描述

表I（总体非营利机构部门，变量II和变量III）与表III.2、III.3（按部门和机构类型分组的综合经济账户）全面系统地记录了市场非营利机构的非市场产出和志愿劳动的虚拟报酬对住户、非营利机构和经济总体的影响，不同之处在于表I是总体核算，仅针对非营利部门；表III.2 和III.3 是分类核算，涉及各机构部门中的非营利机构子部门，最终进行汇总。从编撰顺序来看，应先编制表III.2 和III.3，然后过渡至表I（变量II和变量III）。

出于理论研究和实际工作的需要，尚需区分各机构部门的关注重点，如志愿劳动核算中，非营利机构更关注产出和增加值，故生产账户和收入形成账户是重点；住户更关心虚拟报酬和消费，因而收入分配和使用账户是重点。总体来看，卫星账户应重点解决"谁提供、谁获取收入、谁消费"等基本问题，如此方可产生更大的效用。正如前述，住户向市场和非市场非营利机构提供的志愿劳动，在核算处理上是不同的，而相同之处在于志愿劳动的受益方取决于非营利机构的服务对象，即为谁服务则谁将最终受益。

（二）特点描述

除了系统描述非营利机构的经济运行之外，长表还重点展示非营利

机构的关键特征，包括支出、收入、转移支付和消费四个方面。

1. 支出

在表Ⅱ.1（按非营利机构类型分组的支出种类）中，雇员报酬具有三种变量形式，其中，变量Ⅰ和变量Ⅱ在总量上没有区别，仅是变量Ⅱ的雇员报酬被区分为市场产出中的雇员报酬和非市场产出中的雇员报酬；而变量Ⅲ的雇员报酬增加了志愿劳动的虚拟报酬，导致非营利机构应付雇员报酬、营业支出和支出总额发生变动。相应地，表中的中间消耗和"备忘：消费"项目也随之发生变化。

2. 收入

表Ⅱ.2（按非营利机构类型分组的收入来源）将来自私人慈善的用于资助市场非营利机构非市场生产的赠款、补助和捐款分离出来，成为市场非营利机构的收入来源，也是非市场产出核算的数据基础。类似地，该表将住户志愿劳动虚拟报酬的转移视作来自私人慈善的赠款、补助和捐款，导致非营利机构收入总额的增长。

3. 转移

表Ⅱ.3（按非营利机构类型分组的转移支付）仅有两种变量形式（变量Ⅰ和变量Ⅲ）。该表在非营利机构从住户部门接收的转移支付中，增加了志愿劳动的虚拟报酬，使非营利机构的转移收入和净额计算更加完整。

4. 消费

卫星账户在非营利机构的消费核算方面设置了两张表，其中，表Ⅳ.4a（按机构类型及目的分类的一般政府的最终消费支出）将政府部门区分为"非营利机构子部门"和"其他子部门"，依据《政府职能分类》（COFOG）分类政府单位和政府控制的非营利机构的最终消费支出。该表包括两种变量形式，其中，变量Ⅲ在变量Ⅰ的基础上添加了包括志愿劳动的最终消费支出，也就是说，增加了对志愿劳动所生产的非市场产出的消费，丰富了政府部门的消费支出核算。

更值得关注的是表Ⅳ.4b（按部门和机构类型及目的分类的个人最终消费支出），引入了"附加的非营利机构个人消费"（Additional NPI Individual Comsumption），这一附加变量包括两个组成部分：

第一，市场非营利机构的非市场产出。一旦市场非营利机构生产了非市场产出，就从该非营利机构分离出一个非市场基层单位，非市场产出转化为非市场基层单位的最终消费支出，属于用于住户个人的公共消费支出；尽管该非市场基层单位属于公司部门，但其消费支出按《为住户服务的非营利机构的目的分类》（COPNI）实施分类，实际上将其视作NPISH。

第二，志愿劳动的非市场产出。将提供给非营利机构的志愿劳动的虚拟报酬加上其他非劳动投入形成志愿劳动的非市场产出，形成"附加的非营利机构个人消费"。尤其要注意的是志愿劳动的非市场产出的分类，如果志愿劳动提供给了NPISH部门则按COPNI分类，如果供给政府部门则按COFOG分类，进而转化为NPISH和政府部门的用于住户个人的公共消费支出。

在此基础上，表Ⅳ.4b全面完整地展示了市场非营利机构的非市场产出和志愿劳动的非市场产出的使用去向及住户部门实际最终消费的形成过程，具体分为三种变量形式：

其一，变量Ⅰ：住户实际最终消费＝住户最终消费支出＋NPISH部门的最终消费支出＋政府非营利机构子部门的用于住户个人的最终消费支出＋政府部门用于住户个人的最终消费支出。

其二，变量Ⅱ：住户实际最终消费＝住户实际最终消费（变量Ⅰ）＋市场非营利机构的非市场产出。

其三，变量Ⅲ：住户实际最终消费＝住户实际最终消费（变量Ⅱ）＋志愿劳动的非市场产出。

该表还有一个特色将政府部门消费支出划分为非营利机构子部门的消费支出和政府子部门的消费支出，如此可了解住户实际获取的消费物中哪些是政府单位提供的，哪些是政府非营利机构提供的，并可将政府非营利机构子部门与其他非营利机构子部门合并，测算政府部门和非营利部门的提供份额。此外，住户实际获取的消费物中还有一部分是志愿劳动生产的，尽管这些志愿劳动提供给了非营利机构，看似由非营利机构提供消费物，但实际上却隐含了住户的参与。因此，本表综合反映了政府、市场和非市场非营利机构以及住户对住户部门实际最终消费的贡献，蕴藏了丰富的信息。

归纳可知，在"附加的价值变量"中，市场非营利机构的非市场产出和志愿劳动的虚拟报酬最为重要，不仅在于SNA中心框架没有设计这

两个流量，还因为它们描述了非营利活动的重要特征，并且长表中的诸多表格均围绕这两个变量展开，影响了非营利部门乃至经济总体的产出、增加值、收入和最终消费等流量。其中，志愿劳动核算也可以住户卫星账户为依托，即从提供方入手核算，由于志愿者属于住户部门，故可全面测算住户志愿提供的劳动总量，不至于出现遗漏。然而，住户卫星账户侧重志愿劳动的价值核算（如志愿劳动时间和工资率），未进一步探讨志愿劳动对非营利部门生产、收入分配和使用的贡献，对非营利机构效率与公平的影响，致使住户卫星账户的效用发挥不如非营利机构卫星账户①。反之，非营利机构卫星账户从使用方入手核算，包括了绝大部分的志愿劳动，尽管没有住户卫星账户全面，但核算框架更完整，更具研究价值。

---

① 住户核算的研究重点自然是住户无酬的家务劳动，志愿劳动不具有优先性；由于两种劳动之间存在一些差异，无法做到触类旁通，故此研究结论不能完全替代。例如，无酬的家务劳动自成一体，对经济的其他部分影响较小，而志愿劳动并非如此。从住户部门内部来看，志愿劳动的受益方为其他住户，而无酬家务劳动为本住户成员；从住户部门外部来看，志愿者可为其他机构部门（如非营利机构、政府或企业）工作，而无酬家务劳动不具备这一特点。

第六章
效率与公平核算

在卫星账户的"扩展部分"（NPI Satellite Account Extended），设置了结构（Structure）、能力和产出（Capacity and Output）、客户（Users）以及影响与绩效（Impact and Performance）变量，其中，非营利机构的效率与公平核算是卫星账户的最终目标。一般认为，企业讲求效率，政府偏重公平，而非营利机构追求什么？尽管存在各种理论假设，最终仍需公平与效率核算予以验证。然而，公平与效率核算是卫星账户的远景目标，其研究工作尚未完结①。本章依据手册思路，由效率和公平的含义入手探讨其变量设置，同时构建相关的卫星账户表格。

第一节　非营利机构的效率核算

总体来看，效率评价涉及成本和收益，其本质是"节约"，例如，给定产出力求投入最小或投入既定追求产出最大（王稳，2002，第20页）。尽管所测算的效率种类繁多，例如，配置效率、技术效率、组织效率、规模效率和X-效率等，但综合来看，经济效率是一种寻求低投入高产出的经济行为，或是实现"帕累托最优"的内在能力（黄祖辉、扶玉枝，2013）。

卫星账户的效率核算针对的是非营利机构的经济效率。观察可知，经济效率与生产率两个术语经常交替出现（见表6-1），但在概念和范围上存在一些差别，例如，生产率通常是指单位投入所对应的产出，若单

---

① 《手册》第4.50段指出，卫星账户试图描述非营利机构的绩效表现，包括效率与公平，但体现于后续版本，当前《手册》仅列示了目标变量。

位投入是劳动则为劳动生产率，而经济效率是生产率的综合，同时包含了生产率和资源配置效率。但是，无论是生产率还是经济效率在测度上都需要投入与产出的数据支持。例如，唐任伍、唐天伟（2002）在测度中国省级地方政府的效率时指出，省级地方政府的职能是公共物品的供给、社会福利的保障和地方财政的消费，故其效率集中体现在上述三种职能的投入与产出比较上。黄祖辉、扶玉枝（2013）在中国合作社效率测算时认为，合作社效率可以分解为两个方面：一是内部效率，是指合作社追求最小投入最大产出的能力；二是外部效率，是指合作社在追求内部效率的同时使资源在其他部门也达到最优配置，或可理解为使经济总体的效率水平处于最优状态。

表6-1　不同学者对经济效率的定义

学者	定义
Zvi Griliches	生产率是产出的某种度量与所用投入的某种指数之比
乔根森	生产率是产出增长率与投入增长率之差
Mundell（1983）	生产率是每单位消费的资源与产出的比率
Kendrick（1984）	生产率是产出与劳动和其他投入在企业水平上的比率
Farrell（1957）	技术效率是在既定投入下实现产出的最大化；配置效率是指在投入不变的前提下，对投入进行优化组合以增加产出的能力，两种效率的总和即为总的经济效率
Pak-hung Mo 和 Sung-Ko Li（1998）	经济效率是指一个企业在最低可能成本的条件下生产一定水平的产出
吉姆·康勒等（1998）	生产率是企业的产出与投入的比率，即生产率＝产出/投入

资料来源：王稳. 经济效率因素分析［M］. 北京. 经济科学出版社，2002：22-26.

由于"帕累托最优"的效率水平在实践中无法测度，因而效率计算一般从投入产出入手，卫星账户的效率核算同样如此。基于此，设计了按经济活动分类的效率核算表（见表6-2），该表按 ISIC 分类非营利机构，重点关注非营利机构在"教育"（M）、"保健和社会工作"（N）、"其他团体、社会和个人的服务活动"（O）等相关产业领域的投入与产出，以便效率的计算和比较。借鉴黄祖辉、扶玉枝（2013）的研究思路，表6-2同时列出了公司（非金融公司和金融公司）与政府部门的投入产出，可观察不同机构部门提供同一产出的效率高低，以决定该类产出是

由非营利机构还是由企业或政府供给更合适，还可通过机构部门的效率
变动研究经济总体的效率水平变化。可以认为，部门效率是按生产型标
准测度的内部效率，经济总体效率描述的是按资源配置型的综合效率。

表 6-2　按经济活动分类的效率核算　　单位：亿元、%

按经济活动分类 （ISIC[①]）	非营利机构		公司		政府		经济 总体
	投入	产出	投入	产出	投入	产出	
总体：所有产业							
A　农业、狩猎业和林业							
B　渔业							
C　采矿及采石							
D　制造业							
E　电、煤气和水的供应							
F　建筑							
G　批发和零售业、修理服务业							
H　旅馆和餐馆							
I　运输、仓储和通信							
J　金融中介							
K　房地产、租赁和经营活动							
L　公共管理和国防							
M　教育							
8010　初等教育							
8021　普通中等教育							
8022　职业技能中等教育							
8030　高等教育							
8090　成人和其他教育							
N　保健和社会工作							
8511　医院活动							
8512　内科及牙科执业活动							
8519　其他人类保健活动							
8520　兽医活动							
8531　提供膳宿的社会工作							
8532　不提供膳宿的社会工作							

---

　　① 以 ISIC 进行产业分类综合考虑了企业和政府部门的实际。如果要进行子部门对比，仍
可如 SNA2008 对公司和政府部门实施子部门分类，而后测算各非营利机构子部门的效率水平，
也可做多个角度的比较。

按经济活动分类 （ISIC[①]）	非营利机构		公司		政府		经济 总体
	投入	产出	投入	产出	投入	产出	
O　其他团体、社会和个人的服务活动							
9111　经营和雇主组织活动							
9112　专业组织活动							
9120　工会活动							
9191　宗教组织活动							
9192　政治组织活动							
9199　未另分类的其他组织活动							
9211　电影及录像生产与销售							
9213　无线电及电视活动							
9214　戏剧艺术、音乐和其他艺术活动							
9219　未另分类的其他娱乐活动							
9231　图书馆和档案馆活动							
9232　博物馆活动、历史遗迹及建筑物保护							
9233　植物园、动物园及自然保护活动							
9241　体育活动							
9249　其他文娱活动							
9309　未另分类的其他服务活动							
P　有雇工的个人家庭							
Q　境外组织和机构							

除此之外，《手册》还建议从功能入手核算非营利机构的效率。产业角度的效率核算由生产入手，例如，非营利机构为生产文化和娱乐服务，投入了多少，产出了多少，等等。按照 COPNI 的界定，非营利机构的功能包括住房、卫生保健、娱乐和文化、教育、社会保障、宗教、政治团体劳动与专业组织等方面的服务提供，因而功能角度的效率核算由消费入手，或说将消费支出视作"产出"，以反映上述服务的提供效率，无论这些服务是由非营利机构生产的还是由市场上购入的。由此可知，功能角度的效率实际上针对的是实物社会转移，故需将所有具有消费功能的非营利机构合并，而公司部门的纯市场生产者、为企业服务的市场非营利机构被排除在外，因为它们没有消费功能；至于为住户服务的市场非营利机构，如果生产了非市场产出，则应将该市场非营利机构的非市场基层单位分离出来，与其他非市场非营利机构合并。

在账户设计上，还需找出非营利机构和政府在功能方面的相同点，

即通过 COPNI 和 COFOG 的比较，确定两个部门的共同职能。按照 CO-FOG 的界定，政府的职能包括一般公共服务、国防、公共秩序和安全、经济事务、环境保护、住房和社区设施、卫生、娱乐文化和宗教、教育和社会保障等服务的提供（联合国等，2008，第 595 页）。确定两套分类的共同点之后，形成按功能分类的非营利机构和政府部门效率核算（见表6-3）。

表6-3　按功能分类的非营利机构和政府部门效率核算 单位：亿元

按功能分类	非营利机构		政府	
	投入	产出	投入	产出
住房				
卫生保健				
娱乐和文化				
教育				
社会保障				
宗教				
政治团体、劳动和专业组织				

相对而言，按经济活动分类的非营利部门效率核算更有价值，因为所核算的产出是非营利部门生产的，按功能分类的效率核算还包括了其他机构部门提供的产出，隐含了其他部门的经济效率。除非研究目的限定于非营利部门在福利提供方面的效率水平，则按功能分类是有意义的，也可同时比较非营利部门和政府部门在福利供给方面的效率高低。

需要指出的是，"核算"或者"核点计算"的本质是"描述"，例如，"国民经济核算"就是"核算国民经济"，也即描述一国国民经济的运行过程。因此，卫星账户的效率核算仅负责投入和产出数据的提供，至于计算何种效率、如何测算并非效率核算的职能，用户可以根据卫星账户提供的信息，按照自己的研究目标进行计算和分析。从国际比较的角度来看，卫星账户力求提供一套标准口径的数据集，如价值型投入产出；但在实物型投入产出方面，考虑到不同国家和学者的差异性需求，一般会提供多个数据；表6-4是卫星账户精选和推荐的结果，如果还有其他需求也可查阅《手册》第六章（计量非营利机构产出），以提供更多

的备选变量，并且卫星账户也不排斥研究者对实物型投入产出变量的调整处理，或自行收集所需的资料。除此之外，卫星账户希望研究者能够充分利用账户信息，例如，将非营利部门和其他机构部门联结起来，将非营利部门的产出、生产率和非金融资产联结起来（联合国，2003，第34页表4.1），不仅核算非营利部门的经济效率，还包括各种生产率的度量，相关信息包括资产负债表中的非金融资产、核心社会和经济数量指标中的付酬雇员数和全日制等值、志愿者人数与全日制等值，等等。

表 6-4 按 ICNPO 分类的部分产出和能力指标

按活动划分的非营利机构类型（ICNPO）	指标实例
第 1 组：文化和娱乐	
1100 文化和艺术	按类别的门票数 分类别的收藏品 参观者或用户数
1200 体育	体育俱乐部成员数
1300 其他娱乐和交谊俱乐部	按类别的成员资格数
第 2 组：教育和研究	
2100 初级和中等教育	按升级百分比分类的学生小时数
2200 高等教育	按升级百分比分类的学生小时数
2300 其他教育	毕业生人数
2400 研究	引用次数 出版数 申请/颁发的专利数
第 3 组：卫生保健	
3100 医院和康复	完成治疗的数目（DRGs） 按护理水平分组的护理天数
3200 疗养院	住院天数
3300 精神健康和危机干预	按治疗类型分组的咨询数
3400 其他卫生服务	首次访问专家的数量
第 4 组：社会服务	
4100 社会服务	按机构类型分类的住院天数 按护理级别分类的接受护理的人数
4200 紧急情况和救助	安置在避难所的接受庇护的人数和百分比 露宿街头的救济对象减少的人数和百分比
4300 收入补助和维持	接受救济的人数

续表

按活动划分的非营利机构类型（ICNPO）	指标实例
第5组：环境 　5100 环境 　5200 动物保护	 环境协会的成员数 动物权利组织的成员数
第6组：发展和住房 　6100 经济、社会和社区发展 　6200 住房 　6300 就业和培训	按类型分类的社区组织的成员数 建设或修复的住宅单元数 处理的求职者人数 参加就业培训的小时 在福利工场工作的客户小时
第7组：法律、倡议和政治 　7100 公民和权益组织 　7200 法律和法律服务 　7300 政治组织	 成员数 按类型分类的成员资格数
第8组：慈善中介和志愿促进 　8100 补助发放基金会 　8200 其他慈善中介与志愿促进	 捐赠数 招募、培训和安置的志愿者人数
第9组：国际① 　9100 国际活动	
第10组：宗教 　10100 宗教会社和协会	 成员资格数
第11组：商业和专业协会、工会 　11100 商会 　11200 专业协会 　11300 工会	 按类型分类的成员资格数 按类型分类的成员资格数 按类型分类的成员资格数
第12组：（未另行分类）	

资料来源：联合国.国民账户体系非营利机构手册（2003）[M].纽约，2005：125－126.（按非营利机构类型分组的部分产生和能力指标）

　　价值型投入产出的数据提供要简单一些，但需要关注数据的完整性。

---

① 《手册》归纳了本组的一些产出指标，如已交换学生数、国际上提供的粮食援助数量、提供的医疗供应和紧急供应数量、调查的侵犯人权案例数（联合国，2003，第63~64页），但在卫星账户中，《手册》没有给出推荐。

以产出为例：如果基于 SNA2008 核算非营利部门的产出，则效率计算必定会出现偏差：一是遗漏了市场非营利机构的非市场产出，导致非营利部门的产出低估；既然市场非营利机构的产出可区分为市场和非市场产出，因此，还需分别测算这两种产出对应的投入。二是忽略了非营利机构在生产经营中所获得的志愿时间捐赠和赠与，致使其投入和产出价值的双重低估，因为志愿劳动的虚拟报酬不仅是非营利机构的投入项，也是产出项。如果没有将志愿劳动纳入核算体系，实践中最频繁出现的问题是非营利机构的销售收入可能包含志愿劳动的虚拟报酬，尤其是使用志愿劳动的市场非营利机构，由此得到非营利机构的效率高于其他机构类型的假象，或非营利机构相对政府而言"投入更低产出更高"的不真实结论。因为市场非营利机构以显著经济意义的价格销售产出，而志愿劳动的虚拟报酬被包含在销售收入之中，实际上将非市场产出混入了市场产出；也只有对市场非营利机构分别测算市场和非市场产出，才能确保效率核算的准确性。观察可知，卫星账户在 SNA2008 投入产出的基础上，融入了市场非营利机构的非市场产出和志愿劳动的虚拟报酬，最终提供的是基于变量Ⅲ的投入产出数据，所测算的非营利部门效率才是准确和没有遗漏的。当然，分别在变量Ⅰ、变量Ⅱ、变量Ⅲ的投入产出基础上测算非营利部门效率，也可研究市场非营利机构的非市场生产和志愿劳动对非营利部门效率的影响，也有一定的分析价值。

在效率计算中，学者多使用指标体系，并且区分为多个层级。卫星账户的效率核算与此类似，如价值型投入产出与实物型投入产出，而考虑了市场非营利机构的非市场生产和志愿劳动之后的投入产出可视作价值型投入产出的纵向扩展，同时也说明了效率核算与短表和长表之间的联系，即短表和长表的编撰最终服务于效率核算。尽管《手册》为非营利部门效率测度精心设计和提供了改进的价值型投入产出，但仍然存在一些问题，如市场非营利机构和非市场非营利机构的非市场产出均以投入测度，因此，其产出/投入的结果始终为 1，致使效率测算没有意义。由于非市场产出占据了非营利部门产出的相当份额，因此，手册又提供了实物型投入产出以弥补不足。

（一）实物投入

通过短表与长表可以获取非营利部门的中间投入和资本投入。除此之外，卫星账户还设置了以下实物投入，以满足生产率测算的数据需求。

1. 劳动力投入

具体又可分为两类：

（1）付酬就业人数与全日制等值，包括雇员和自雇者，是对有偿劳动投入的计量。付酬就业的数据出现在卫星账户的表Ⅳ.3C（付酬就业的全日制等值）中，该表的主词按 ISIC、宾词按机构部门进行了双重分类，描述了非金融公司、金融公司、政府、住户和 NPISH 部门中的付酬就业在各个 ISIC 产业领域的分布状况；表Ⅳ.3 还将政府和公司部门划分为"政府（公司）子部门"和"非营利机构子部门"，并对"教育"（M）、"保健和社会工作"（N）、"其他团体、社会和个人的服务活动"（O）等 ISIC 大类进行了详细说明，细化至四位数分类，为非营利机构在经常出现的产业领域的生产率测度提供数据支持（联合国，2003，第 116~117 页）。

（2）志愿就业人数和全日制等值，是对无偿劳动投入的度量，分别按 ICNPO、职业、年龄、性别、受教育水平、技能、平均替代工资和有酬与无酬劳动的比率进行分类。

2. 非营利机构实体数

即按 ICNPO 分类的非营利机构数，集中体现在卫星账户的表Ⅴ.1（按非营利机构类型分组的非营利实体、成员和成员身份）中，该表详细提供了按 ICNPO 分组的各产业领域的非营利机构数，包括各产业领域非营利机构的资产存量中位数和平均创建年限，同时还呈现了各产业领域非营利机构的成员人数和成员资格数等资料（联合国，2003，第 121~122 页）。

除此之外，表 6-4（卫星账户的表Ⅴ.4）提供了部分 ICNPO 产业的实物产出变量。《手册》建议在此基础上计算非营利部门的实物产出占经济总体的比重，反映非营利部门的产出能力。例如，计算非营利部门"按类别的门票数"占经济总体同类变量的比重，可以反映非营利部门在文化和艺术领域的生产能力。但必须注意的是，某些实物产出实际上是实物投入，如博物馆的"分类别的收藏品数"。如表Ⅴ.4 所列示的产出指标是卫星账户精选的，而在手册归纳的实物产出中，属于投入度量的变量还包括动物园和水族馆的"标本数"、图书馆的"馆藏册数"和"服务点数"等。显然，这些变量间接描述了非营利机构的产出，同时还可反映非营利机构的潜在生产能力。

（二）实物产出①

与价值产出的纵向扩展不同，实物产出表现为多个变量的平行展示，变量的多少取决于产业领域的复杂程度。一般来说，实物产出度量的最佳方式是生产成果的直接计量，即非营利机构生产了多少，例如，医疗机构的完成治疗的数目、疗养院的护理天数以及研究单位的专利数和出版数等。若无法直接测度，则有两种间接方式，一是观察非营利机构为"谁"服务，以客户规模替代产出，如文化和艺术机构的门票数与参观者人数、宗教团体的成员资格数、收入维持和补助活动的接受救济的人数等；二是以当期产出的消费或使用结果替代产出，如对救助服务的消费导致露宿街头的救济对象的减少人数等。实物产出的直接测度由生产方入手，间接测度从消费者入手；由生产方入手的产出度量更加直观和准确，而基于消费或使用结果得到的产出，其规模大小受服务提供方和服务消费方的共同影响，可用于非营利活动的效果度量，即实际结果达到或实现预期目标的程度（邓国胜，2001，第168页），也与服务的定义保持对应，因为"服务是生产活动的结果，通过生产活动可以改变消费单位的状况或促进产品或金融资产的交换"（联合国等，2008，第6.17段），而"改变消费单位的状况"即为服务消费的结果。当然，无论实物产出的直接测度还是间接测度，在非营利机构的能力评估中均起着一定的作用，例如，效率（Output/Input）是指每一单位的投入所导致的产出，而效能（Outcome/Input）是指每一单位的投入所对应的结果（邓国胜，2001，第169页）。

在非营利机构的实物产出度量中，还需要解决以下两个问题。

1. 志愿劳动

如果将研究范围限定为志愿劳动，应如何确定其实物产出？根据志愿劳动的使用范围，可将其实物产出区分为两个部分：

（1）住户部门内的志愿劳动。发生在住户部门内的志愿劳动所提供的服务包括住宿、膳食制备、衣着和关照，其实物产出涉及自有住房提供的志愿住宿服务的人日数、住房的维修次数、耐用品的维修次数、提

---

① 在产出计量方面，徐蔼婷（2011，第53页）给出的测度方式依次为物理单位计量、劳动投入时间计量和货币价值计量三种。《手册》的测度思路也完全一致，例如，非营利部门的产出测度包括实物产出、时间投入和货币价值。物理单位计量不受价格和汇率等因素的影响，更能体现国家之间的差异，也是《手册》考虑的原因之一。

供的膳食小吃和饮料的品种与数量、洗涤及整理衣物的公斤数、清扫房屋及街道的平方米、关照孩子老年人和病人的人小时数、运送人员与货物的人公里和吨公里等。

（2）住户部门外的志愿劳动。取决于志愿劳动出现在哪个 ICNPO 领域，再参照表 6-4 予以确定。

2. 质量描述

产出核算需同时反映产品的数量和质量特征，但令人遗憾的是，卫星账户推荐的实物产出只有少部分附带了质量描述，如疗养院按护理水平分组的护理天数、教育机构的按升级百分比分类的学生小时数和毕业生人数、研究机构的引用次数等，其中，护理水平不同则护理质量不同，而"升级百分比"体现了"学生小时数"的质量特征，毕业生人数和引用次数本身就是教育与研究产出的数量及质量的综合；还有一些实物产出能够间接体现服务的质量，例如，紧急情况和救助活动中的露宿街头的救济对象减少的人数和百分比，减少的人数越多或下降的百分比越多，意味着救济服务的质量越高。但是，绝大部分的实物产出缺乏质量描述的功能，较为统一且切实可行的补充方法应该是满意度测量（如表 6-5 所示）。

表6-5　按产业类型分组的顾客、志愿者和成员的满意度

按活动划分的非营利机构类型 （ICNPO）	顾客满意度 （%）	志愿者满意度 （%）	成员满意度 （%）
文化和娱乐			
教育和研究			
卫生保健			
社会服务			
环境			
发展和住房			
法律、倡议和政治			
慈善中介与志愿促进			
国际			
宗教			
商业和专业协会、工会			
其他			

在表6-5 中，列示了顾客、志愿者和非营利机构成员对各产业非营

利机构的满意程度，其中，顾客满意度较好地描述了各类非营利服务的产出质量。与通常的满意度测量不同，表 6-5 还包括志愿者和成员满意度，主要测度志愿者在提供赠与和志愿劳动以及非营利机构成员在为组织工作时所带来的满足程度。Eleanor Brown（1999）在探讨志愿劳动的价值测度时指出，一个火箭科学家从事施粥赈济的机会成本是非常高的，应该由劳动力成本较低的其他人员去做或提供赠与后委托专业人员实施，并且受益的人数可能更多，服务的质量也会更高。但火箭科学家坚持参与，只能说明他（或她）在志愿劳动中得到了相当的满足，这种满足还体现在志愿劳动提供了培训机会，使志愿者能够进入劳动力市场；志愿者参与公益活动，促进了社会包容和社会资本的形成，并且志愿劳动与其他形式的慈善活动具有较大程度的相似性，因为志愿者得到的不是货币报酬而是社会或心理层面上的报酬或满足，如果不核算其经济价值，则这种满足就体现不出来，而显示其经济价值却有可能招募到更多的志愿者（ILO，2011）。正如付酬劳动者从劳动报酬的获取中得到满足一样，志愿者的满足程度也可表现为志愿劳动的虚拟报酬与 0 的差额。也正如此，表 6-5 的满意度度量将顾客与志愿者并列。不过，也存在一些不足，例如，没有考虑不同收入、年龄和文化程度的顾客满意度，如果有这一方面的需求，可在宾词中添加。无论是卫星账户提供的质量描述还是满意度测度，最大的不足在于无法将产出数量和质量融合在一个产出指标之中，但在产出价格和工资率确定方面提供了质量调整的依据。

第二节　非营利机构的公平核算

"公平"（Equity）的本意是平等而不偏袒，包括平等的权利、合理的分配、均等的机会和公正的司法。卫星账户核算非营利机构的经济活动，故其公平核算针对的是经济公平，即人们在经济循环中的公平交往，如合理的收入分配与均等参与经济活动的机会。龙安邦（2013）指出，经济公平在经济循环的不同阶段呈现相异的特点。在生产和收入初次分配阶段，强调的是机会公平和规则公平，学者对此也没有什么争议；但在收入再分配和最终消费环节却存在观点分歧，是按规则占有收入和财富还是按某一比例进行调整，并对弱势群体是否进行补偿？然而，经济

不公平主要源于生产和收入初次分配，收入再分配仅仅是一种补救方式（葛道顺，2014），故又引入了"包容性增长"（Inclusive Growth）这一概念。按照葛道顺的观点，尽管包容性增长强调机会均等、减少贫困和充分就业，但增长不可能是包容的，意即由生产促包容是不现实的，应以健康、教育和社会安全网为中心以增进公平，达到包容，其实质为"包容性发展"（Inclusive Development）。对比可知，包容性增长关注的是"增长"，可通过人均产出、人均 GDP、人均国民收入等指标来反映；而包容性发展侧重于"发展"，不仅表现在经济总量和结构方面，还体现在教育、医疗、社会保障的提供以及收入分配的公平。

由于可将经济公平区分为起点公平、过程公平和结果公平，是指参与经济活动的机会（受教育、就业和参与竞争）、按照规则进行分配和最终结果（享受公共服务和社会保障等）是否合理（叶晓佳、孙敬水，2015），因此，所倡导的包容性政策体现在三个方面：一是增加人力资本投资，确保教育、医疗和社会服务的均等化发展；二是制定与优化政策，以维系社会公正；三是建立和完善社会安全网，以保护弱势群体。其中，前两项政策针对的是机会和规则公平，后者用于维护结果公平（葛道顺，2014）。进一步分析可知，个人发展的初始机会主要体现在家庭状况、接受教育和保健的机会以及社会资本等（朱玲，2011），收入再分配中的社会缴款、社会福利、其他经常转移和实物社会转移已经包含了教育、保健等社会安全网所涉及的流量，例如，社会福利覆盖了疾病、失业、退休、居住、教育和家庭环境等多个方面，实物社会转移更是聚焦于教育和医疗；由于住户缴纳的社会缴款和获取的社会福利不一定对等，因而被视作两次转移，也体现了相对公平。尽管收入再分配属于结果公平，但能够为下一轮经济循环提供起点公平；政策制定并非卫星账户的核算内容，由于各国的国情不同而无法比较优劣。基于以上考虑，《手册》推荐的公平核算重点描述非营利活动所创造的福利和产生的成本在不同收入、民族、性别、种族和相关群体中的分配，包括"收入再分配"和"社会包容"两个层次[①]（联合国，

---

① 社会包容（Social Inclusion）与社会排斥（Social Exclusion）是相互对立的两个概念，是指包容各个社会阶层，不应将某些阶层排斥在社会主流之外，而实现社会包容的手段包括促进平等的权利，确保机会参与和资源分配公平，关键之处在于尊重与扶持弱者，增进其能力，为其提供机会，维护其尊严，以达到共同发展与社会和谐。也就是说，社会包容主要针对弱势群体，无论这种弱势表现在收入、民族、性别或种族等各个方面（葛道顺，2014）。

2003，第 45、52 页），实际上展示的是结果公平。也就是说，公平核算是以收入再分配为基础的核算。

实践中的公平测度需要解决两个问题：

（1）变量选择。不同的研究对象与公平测度的复杂性，使学者大多通过指标体系来进行综合测度。例如，吴春霞（2007）在研究中国义务教育的起点、过程和结果公平时，设计了三组指标，其中起点公平选择了入学率、升学率等，过程公平包括班级规模、生均教育支出、师生比、设备质量、教学水平、教学经验和资质等，结果公平涉及学业成就、教育质量等。从指标含义来看，如果不同人群（如城乡、民族、收入等）的入学率和升学率大致相同，那么说明接受教育的机会是均等的，等等。类似地，孙敬水、赵倩倩（2017）在测度中国收入分配公平时，设置的指标体系包括 2 个一级指标、5 个二级指标和 55 个三级指标。

（2）测度方法。黄应绘、揭磊（2010）应用内容分析法归纳了收入分配的公平测度，将测度方法划分为份额比例测度法、普通离散系数测度法和收入集中度测度法等，包括基尼系数、收入比、变异系数和分位数比率等测度指标；而吴春霞（2007）使用了极差率（Range Ratio）、变异系数（Coefficient of Variation）、麦克劳伦指数（Mcloone Index）和基尼系数（Gini Coefficient）等测度变量。总体来看，公平测度的基本原理大体相同，即通过不平等程度来描述和说明公平状况。相对而言，公平测度的难点不是测算方法，而在于变量选择，即与效率核算一样，公平核算的主要目的也在于甄别和提供数据来源。

与学者的测度思路相似，公平核算涉及两组变量——福利与成本，但卫星账户没有详细说明福利和成本的含义，如果从理论上来看，大致有三种选择。

一、福利提供角度

在收入再分配和实物收入再分配账户中，住户部门获取的社会福利包括实物社会转移以外的社会福利和实物社会转移。实物社会转移以外的社会福利又可分为现金形式的社会保障福利（社会保障养老金福利、现金形式的社会保障非养老金福利）、其他社会保险福利（其他社会保险养老金福利、其他社会保险非养老金福利）和现金形式的社会救济福利（联合国等，2008，第 8.107 段）。除了实物收入再分配账户所核算的实

物社会转移之外，还需在此基础上添加市场非营利机构的非市场产出和志愿劳动的非市场产出，这些流量均被处理为实物社会转移和住户实际最终消费的一部分（联合国等，2008，第23.32~23.36段）。依据手册的界定，公平核算中的"成本"是指非营利活动的成本，即非营利部门的中间消耗、固定资本消耗、雇员报酬（含志愿劳动的虚拟报酬）与生产税净额之和，等同于非营利部门的 C+V。

如果按以上思路，实践中可通过生产、收入再分配和实物收入再分配账户，观察住户部门所享用的社会福利与非营利部门成本之间的变动：如果成本的增加导致福利增长，则收入再分配是有效的；一旦成本增加所引致的福利增量为0，就应停止收入再分配，因为福利总量已达到最大，也可认为福利与成本的综合效应达到了平衡点。不过，这一分析思路也存在一些问题：尚无可靠的证据说明非营利部门的成本与住户部门的社会福利之间所存在的关系，没有考虑政府的作用而有失全面性，并且政府的作用应该更显著；现实中很难观察动态成本的变动对福利提供的影响。因此，由福利提供角度观察公平是一种不可行的方式。

二、效率角度

如果公平与效率是负相关关系，则公平的代价或成本就是效率损失，意味着对公平的追求必导致效率的下降，两者之间的关系是矛盾的，是不可兼得的。然而，如果效率与公平之间的关系不是负相关的，则两者互为成本的观点就无法成立。

至于效率与公平的关系，理论上存在三种观点——效率优先、公平优先和两者相互交融或交替（龙安邦，2013）。一般认为，公司部门是效率优先，政府部门是公平优先，但非营利部门呢？如果从部门总体出发，非营利部门不一定表现为绝对的效率优先或公平优先，更可能是一种相融或交替关系。

（一）部门构成

非营利部门又被称为"第三部门"，分布于政府和公司之间。由市场失灵和政府失灵理论可知，非营利机构是政府和公司的替代者，暗示着非营利部门既追求效率又讲求公平。不同于政府和公司部门，非营利部门的构成相对复杂，包括市场和非市场非营利机构，分析不同类型的非营利机构可能得出不同的结论。如果从生产角度出发，会得到效率优先

的结论，与市场非营利机构相吻合；由于市场非营利机构是市场生产者，因此，力求以最小的投入获取最大的产出，恰好是效率的本质。类似地，收入初次分配也需遵守效率优先，因为收入初次分配是增加值在生产领域内的直接分配，自然应做到付出与所得相对称，如此才能确保公平。如果从收入再分配和最终消费的角度出发，会得到公平优先的结论，与非市场非营利机构相对应，因为许多非市场非营利机构的主要职能就是收入再分配，例如，慈善救济类组织。就非营利部门总体而言，很难得出效率优先或公平优先的结论，却更接近两者相融的看法；即便从经济循环的角度来看，非营利部门既偏重生产和初次分配也兼顾再分配与最终消费，而公司部门关注生产与初次分配，政府部门更看重再分配和最终消费。

（二）时期交替

Kuznets（1955）的"倒 U 形理论"认为，在经济发展的初期，一国的收入分配较为均等；随着经济的发展，效率水平的提高必然会增大收入差距，导致收入分配的不平等；一旦进入经济充分发展阶段之后，收入分配又将趋于公平，充分说明了经济增长的不同阶段所呈现的效率和公平交替优先的态势。至于非营利部门，在经济发展的初期效率优先型的市场非营利机构发展较快；当经济发展到一定阶段，尤其是人均国民收入达到相应水平时，那些公平优先型的非市场非营利机构会快速发展。也就是说，非营利部门自身即可随着背景和阶段的变换而自动调整发展的重点，呈现效率优先和公平优先的交替循环。综合来看，非营利部门交替优先的发展模式，如同将公司和政府视作一个总体，其加权平均之后的特征表现即为非营利部门。

必须注意的是，以上观点仅是一种理论假定，到底是哪一种关系尚需核算实践的验证。因此，首先应依据住户可支配收入或调整后可支配收入测定公平程度，而后动态观察与效率的关系。类似地，也应设法在效率与公平之间找到一个恰当的结合点，使两者所产生的综合效应为最优，如当福利最大时，效率与公平的综合效应达到平衡点。

三、公共支出角度

"奥肯漏桶"理论认为，社会保险计划和转移支付会导致效率损失。例如，征税会削弱纳税者的经营和劳动积极性，致使效率下降；较高的

社会保障水平或许使部分人群失去再就业的动机而有损公平，若社会保障出现"超载"甚至会危及宏观经济效率。尽管收入再分配的总的原则是"劫富济贫"，但从高收入阶层获取的税收并不能全部用于弥补贫富差距以确保公平，因为还涉及管理成本和其他支出。以政府支出为例，CO-FOG 将其划分为十个主要类别（联合国等，2008，第 595 页），其中一般公共服务、国防、公共秩序与安全、经济事务方面的支出间接增进了消费者福利或在未来发挥作用，例如，经济事务支出是为生产者而支出，国防、公共秩序和安全以及一般公共事务支出是为了维持良好的发展环境，而行政管理费用直接导致消费者福利的减少。按照这一思路，可将政府在住房和社区设施、卫生、娱乐文化和宗教、教育以及社会保障方面的支出视作消费者福利，在一般公共服务、国防、公共秩序和安全、经济事务和环境保护（包括寻租腐败）方面的支出看作成本，或说由政府公共支出入手，将其划分为两个部分：用于住户的公共消费支出为福利，其他公共消费支出是成本。

类似地，王莉（2007）认为，政府财政支出对公平的影响是多方面的，不同的支出分量影响的人群不同，例如，针对低收入人群的收入补贴、教育医疗保健支出、消除或减缓地区性差距的转移支付和支援农村生产与农业事业费等。至于公共支出对公平所产生的影响，一般认为，政府的影响是主要的，但非营利机构同样起着重要的作用。在收入再分配中，非营利机构的收入主要包括其他经常转移中的支付给 NPISH 的经常转移、抽彩与赌博中的给慈善团体的捐款等，支出方面包括实物社会转移和补偿支付等（联合国等，2008，第 8.132、8.137、8.140、8.141段）。按照 COPNI 的划分，NPISH 部门的公共支出可以区分为住房、卫生保健、娱乐和文化、教育、社会保障、宗教、政治团体劳工和专业组织等（联合国等，2008，第 595 页），上述支出由于服务于住户个人均可视为消费者福利。

依据以上分析，从公共支出的角度设计了中国的公平核算表（见表 6-6）。该表按收入、性别和民族分类住户部门[①]，列示了政府和非营利部门的再分配流量，并将其区分为两个分量。

[①] 从某种角度来看，卫星账户设置客户和用户变量的一个重要目的就是公平核算，例如，分组变量除了年龄、收入之外，还包括残疾状况等。

（1）福利变量。包括实物社会转移之外的社会福利和实物社会转移，是政府和非营利部门的支出，住户部门的收入。

（2）成本变量。除福利变量之外的其他再分配流量，但仅涉及住户、政府和非营利部门，包括所得税财产税等经常税、社会缴款和其他经常转移（如支付给 NPISH 的经常转移、抽彩与赌博中的赠与、针对住户的补偿支付等）。是住户部门的支出，政府和非营利部门的收入。

表 6-6　　按收入、性别和民族分类的公平核算　　　　单位：元/人

住户分类	初次分配收入	政府收入再分配		非营利机构收入再分配	
		福利	成本	福利	成本
低收入 中等收入 高收入					
男 女					
汉族 回族 藏族 蒙古族 ⋮					

如此设计的基本思想是住户向政府和非营利机构支付所得税财产税等经常税、社会缴款和其他经常转移，同时获得实物社会转移之外的社会福利和实物社会转移收入，因而可将上述流量分别处理为成本和福利，但排除了公司部门和无关的经常转移与资本转移流量，例如，中央银行和一般政府之间的经常转移、住户间经常转移、罚金和罚款等。依据《手册》的设想，"成本"系指非营利活动的成本，并需展示在各组间的分布，例如，非营利活动成本在不同收入（性别、民族等）之间的分布。然而在实践中很难按收入、性别和民族等标志分解非营利活动成本，没有合理可行的分解依据，因而借鉴了公共支出的分析思路，以住户部门的再分配支出替代之。

从横向来看，表 6-6 描述了住户部门参与初次分配和再分配之后的收入变动，即原始收入—"可支配收入"—"调整后可支配收入"，以此显示收入分配的公平程度和变化态势，也便于研究者据此测算各种公平

指标。由于账户仅陈列了与再分配有关的部分流量，因此，所得到的结果（初次分配收入+福利−成本）仅为可支配收入和调整后可支配收入的近似。尽管卫星账户的编撰目的是描述非营利活动对经济公平的影响，但不能忽视政府的作用，故将政府和非营利部门并列就是为了比较研究，观察两个部门在公平促进方面的力度和特点。由《手册》分类可知，卫星账户实际上是从人均角度测量不公平状态，尽管效果理想，但核算工作量较大。住户核算一般以住户而非住户成员为核算单位，故需首先收集各组每一住户的收入，再以本组总收入除以住户成员人数才能得到人均收入；又如，按民族分组，住户家庭的男性成员可能为汉族，女性成员也许为其他民族，因此，同样要分解住户，等等。综合来看，按收入水平分组测算的公平程度更有意义。

在效率核算中，卫星账户推荐的变量体系为投入和产出；尽管公平核算同样涉及两组变量，但分析思路略有不同。一方面，可利用福利变量测度公平；另一方面，可将福利与成本组合起来测算福利提供效率。

第七章
结论与建议

第一节　结论

本书以联合国《国民账户体系非营利机构手册（2003）》为蓝本，结合《中国国民经济核算体系》（CSNA2016），探讨中国非营利机构卫星账户的编制。通过研究得到如下结论：

一、出于经济特征比较的需要，SNA 长期实施非营利机构的"分类核算"

如果研究目的为经济总量分析，则需进行非营利机构的"总体核算"；尽管 SNA 的机构部门核算大体上能够胜任，但在非营利特征描述上不够全面，忽略了政府、企业和住户对非营利部门的支持和资助，致使产出和成本核算失真。若在 SNA 中心框架增添这些核算，或仅为非营利机构的独特特征（如市场非营利机构的非市场产出），或对其他机构部门而言不太重要（如志愿劳动的虚拟报酬），既降低了核算体系的效用，又加重了中心框架的负担并使之趋于烦琐，而卫星账户是避免上述不足的有效方式。

二、中国非营利机构核算的目标是卫星账户

考虑到中国非营利机构核算与 SNA 之间的差距，不宜全盘照搬联合国卫星账户的编制思路，而"短表、长表、扩展"的编撰方法更契合中国实际，阶段分明且更具可操作性。短表由非营利机构的"分类核算"过渡至"总体核算"；通过变量类型的扩展渐次引入市场非营利机构的非

市场产出和志愿劳动的虚拟报酬核算，进而得到长表；在完善非营利机构特征描述的基础上，将"核心社会和经济数量指标""附加的数量和质量测度"纳入卫星账户，实施非营利部门扩展核算。

短表是卫星账户的起点，而长表的编撰又可划分为两个层次：政府支付和市场非营利机构的非市场产出核算是原有数据的重新处理，属于长表的第一层次；由于当前中国志愿劳动的规模较小，故长表第二层次与第一层次的核算结果差异不大，可待相关调查体系建立完善之后再行推进，对后续核算和国际比较也不会产生太大的影响。短表和长表的编制意味着卫星账户能够获取非营利部门完整的投入产出和再分配信息，即可在此基础上实施效率和公平核算。由此可知，短表—长表—扩展之间既层层递进又相互关联，关键是长表。

三、中国非营利部门包括事业单位、社会组织和宗教活动场所三种单位类型

除了民办非企业单位具有较高的自治性，事业单位和社会组织大多被政府控制；如果严格遵循自治性准则，势必显著缩小中国非营利部门的规模。因此，如何在核算原则与真实描述之间找到均衡点，是中国卫星账户需要解决的难点问题。必须注意的是，SNA 认为，即便被政府控制也不影响非营利机构的属性，同时特别强调，非营利机构定义在不同国家间的兼容性和各个历史阶段的适应性。尽管中国民间组织具有政府主导和"官民二重性"的显著特征，但在确定中国非营利部门的范围时应该参照 SNA2008 的做法，不宜过分看重自治性，或说适当放宽这一约束。不过，即便如此，也应严格遵守非营利性，和私人性一起共同构成了不可逾越的底线，意味着营利性事业单位和那些获取"合理回报"的民办非企业单位不得纳入卫星账户。

四、从结构上来看，卫星账户可分为非营利部门账户、机构部门账户、扩展账户和关键维度四个部分

总体来看，卫星账户以 SNA 账户体系为基础，对非营利机构核算进行增补，以完善非营利部门的特征描述，揭示其经济贡献和重要作用。这一增补主要包括两个方面：一是细化，包括"变量细化"和"部门细化"；二是扩展，例如，以 SNA 账户体系为核心将结构、能力与产出核算

包括进来及通过变量形式的转换将市场非营利机构的非市场产出核算和志愿劳动的虚拟报酬核算引入进来。前者以独立模块的形式存在于卫星账户，后者融入非营利部门和机构部门账户之中。

第二节　建议

对于中国非营利机构卫星账户的编制，提出以下相应建议。

一、中国非营利机构的机构部门分类

（一）非金融企业与金融机构部门

1. 事业单位

营利性事业单位和自收自支的事业单位应归入企业部门；若差额拨款类事业单位的市场销售收入超过其平均成本的 50% 以上，也应归属企业部门。在纳入企业部门的事业单位中，科技类事业单位一般属于为企业服务的市场非营利机构，其他事业单位是为住户服务的市场非营利机构。

2. 民办非企业单位

民办非企业单位类似于自收自支的事业单位，排除获取"合理回报"的民办教育机构，余下的民办非企业单位均为市场非营利机构，大多属于为住户服务的市场非营利机构。

3. 行业协会

属于为企业服务的市场非营利机构，包括商会、同业公会、雇主组织、研究或测试实验室等。

（二）广义政府部门

除国家机构和政府机构之外，还应包括政府控制的非市场事业单位和非市场群众团体，例如，国务院直属的事业单位和中央机构编制管理部门直接管理的群众团体等。

（三）NPISH 部门

主要包括以下两个方面：

1. 为成员服务的 NPISH

如专业或学术团体、教会或宗教团体，以及社会、文化、娱乐和体育等俱乐部。

2. 慈善类 NPISH

涉及各类慈善、救济或援助机构。

二、中国非营利机构的产业和功能分类

事业单位和社会组织的行业分类与 ICNPO 相比存在一定的差异而影响国际可比，并且支出分类不成体系，即便是财政部的《支出功能分类科目》也仅适用于划归政府部门的非市场非营利机构。应将事业单位、社会组织和宗教团体组合起来，以 ICNPO 为其行业分类，在功能分类方面引入《按目的划分的生产者支出分类》（COPP）、《政府职能分类》（COFOG）和《为住户服务的非营利机构目的分类》（COPNI），分别运用于划归各机构部门中的市场和非市场非营利机构。

三、中国非营利机构卫星账户短表

（一）可按两条路线编制短表

（1）"分类核算" — "总体核算" —部门特征。

（2）"分类核算" —子部门特征。

《手册》推荐的卫星账户建立在 SNA1993 的框架之内。由于 SNA1993 已经更新为 SNA2008，故卫星账户也应做相应变动。中国国民核算体系所编制的账户序列还不够完整，尤其实物社会转移、调整后可支配收入和实际最终消费核算对非营利机构核算而言具有重要的价值，自然成为中国短表的编撰重点。

（二）欲完善中国实物社会转移核算，需解决以下三个问题

其一，增加 NPISH 部门较为详细的支出资料，以 COPNI 为其功能分类；

其二，进一步修订《支出功能分类科目》，使之与 COFOG 保持一致，标注个人服务以方便相关数据收集；

其三，展示实物社会转移在不同人群的分布，尤其是城乡间的分布，如此不仅有利于政策和规划的制定，也可检测其实施效果，包括政府和

NPISH 在改善民生方面的作用，追踪收入分配与福利政策的影响等。

四、中国卫星账户长表

长表重点反映政府支付、市场非营利机构的非市场生产和志愿劳动等非营利特征，也使卫星账户的变量表现为三种变量形式。

（一）政府支付

应特别关注政府对非营利性事业单位、社会组织和宗教场所的支付，如地质勘探费用、农林水利气象等部门的事业费用、文教科学卫生事业费和行政管理费（包括党派团体补助支出）等，甚至还应包括政府对非营利机构的税收豁免和税收优惠。

（二）市场非营利机构的非市场产出

若能分解市场非营利机构应该使用"分离法"；若由于数据原因而不得不使用"简化法"时，须注意核算结果属于下限估算。综合来看，市场非营利机构的非市场产出核算应从机构单位入手；如果没有原始资料，但分组越细，所得核算结果也更准确。

（三）志愿劳动的虚拟报酬

遵守对应性和相称性原则，采取替代成本法，以雇主总工资为影子工资，在工作时间上与付酬劳动者保持一致，并以 SNA2008 的实际工作时间为准。

应将民政部门的社会服务统计和国家统计局的时间利用统计结合起来，其优势分别为赠与统计和志愿劳动统计。在时间利用调查中，尚需注意以下问题：

其一，以住户而非家庭为调查单位，不应排除宗教团体成员和现役军人。

其二，细分少数民族的划分，还应包括常住单位在国外以及非常住单位在国内的志愿活动，以了解志愿资源的国际间流动。

其三，志愿劳动一般不会频繁和有规律地出现，也受自然灾害和政治事件的影响，故应在一年之内进行为期四周的调查，比一年一周的调查更有利于确认季节和不规则变动。

其四，出于国际比较的需要，中国志愿劳动核算应该直接采用联合国分类。

其五，中国时间利用调查更多地强调了志愿劳动的"无酬"却未提及"非强制"，故应增加约束条件，并将"无酬"改为"未获取对等的回报"。

其六，在活动地点选项中增加诸如"受灾区域"、"战争区域"和"恐怖袭击区域"等，这些区域通常会产生大量的志愿活动。

五、中国卫星账户扩展

扩展核算的核心是效率与公平。效率核算针对的是非营利机构的经济效率，在测度上需要投入与产出的数据支持。卫星账户应在 SNA2008 投入产出的基础上，融入市场非营利机构的非市场产出和志愿劳动的虚拟报酬，提供基于变量Ⅲ的投入产出，所测算的非营利部门效率才是准确和完整的。

公平核算针对的是经济公平，包括合理的收入分配与均等参与经济活动的机会，涉及福利和成本数据的提供，实际展示的是结果公平。其中，福利变量包括实物社会转移之外的社会福利和实物社会转移，是政府和非营利部门的支出，住户部门的收入；成本变量仅涉及住户、政府和非营利部门，包括所得税财产税等经常税、社会缴款和其他经常转移。是住户部门的支出，政府和非营利部门的收入。

第三节　不足与展望

尽管本书构建了中国非营利机构卫星账户的框架，但在账户试编中存在一些问题，主要表现在基础数据的缺乏。尽管中国国家统计局国民经济核算司已经编制了国民账户体系（如《2004 中国国民经济核算年鉴》），但由于没有基础数据，无法识别非营利机构，也就不能从政府部门中分离出非营利机构，特别是教育和医疗机构，因为教育和医疗机构也有可能属于营利性机构，即便是非营利机构还需进一步区分市场和非市场属性，致使本书无法依据现有数据编制卫星账户。

在核算中国市场非营利医疗机构的非市场产出时，只能在较为粗略的类别数据基础上采取"简化法"进行核算，再加上分量信息的缺乏，必须进行虚拟，若假定前提不成立也将影响产出数据的质量。此外，实际获取的一些数据很难满足核算要求，例如，实物社会转移试算大体描

述了政府部门对住户消费的贡献，但由于细节资料的缺乏，无法分离出 NPISH 部门的实物社会转移，无法区分一些领域的实物社会转移和经常转移，只好采取审慎性原则，暂不纳入试算过程，给出的是下限结果。更令人遗憾的是，缺乏同一年度的完整数据导致某些重要流量的试算无法展现变量形式的扩展，例如，实物社会转移、市场非营利机构的非市场产出和志愿劳动的虚拟报酬试算所针对的时间分别为 2008～2012 年、2014～2016 年和 2008 年，因而无法导出三种变量形式的实物社会转移。也正因为存在诸多的数据问题，致使研究中只能提供更多的理论性说明，却无法编制卫星账户中的表格。

　　尽管本书提出了一些设想、原则和方法，例如：适当放松自治性以维持一个相应规模的中国非营利部门；遵守对应性和相称性原则，采取替代成本法核算志愿劳动的虚拟报酬，并以"居民服务和其他服务业""社会福利业"的工资水平为影子工资，在工作时间上与付酬劳动者保持一致；等等。但由于未经核算实践的检验，尚无法判定其实施效果，需要今后的进一步研究和完善。

参考文献

［1］孙秋碧．我国核算体系分类问题研究［J］．统计与信息论坛，2000（5）．

［2］许宪春．中国国民经济核算体系改革与发展（修订版）［M］．北京：经济科学出版社，1999．

［3］杨文雪．第三部门经济核算问题商榷［J］．云南财贸学院学报，2003（1）．

［4］李海东．SNA 的修订与中国非营利机构核算的改进［J］．统计研究，2014（5）．

［5］刘国翰．非营利部门的界定［J］．南京社会科学，2001（5）．

［6］方流芳．从法律视角看中国事业单位改革——事业单位"法人化"批判［J］．比较法研究，2007（3）．

［7］邓国胜．中国民办非企业单位的特质与价值分析［J］．中国软科学，2006（9）．

［8］赵立波．民办非企业单位：现状、问题及发展［J］．中国行政管理，2008（9）．

［9］石邦宏，王孙禹．民办高校营利性与非营利性的制度思考［J］．中国高教研究，2009（3）．

［10］李海东．非营利机构核算问题研究［D］．东北财经大学博士学位论文，2007．

［11］李海东．略论市场非营利机构的非市场产出核算［J］．当代财经，2005（10）．

［12］联合国．国民账户体系非营利机构手册（2003）［M］．纽约，2005．

［13］联合国等．国民经济核算体系（1993）［M］．国家统计局国民经济核算司译．北京：中国统计出版社，1995．

［14］联合国等．2008 国民账户体系［M］．中国国家统计局国民经济核算司，中国人民大学国民经济核算研究所译．北京：中国统计出版社，2012.

［15］杨建英．近十年我国关于非政府组织问题的研究综述［J］．国际关系学院学报，2008（1）.

［16］朱浩．我国民办高校营利性问题研究［J］．理论月刊，2009（7）.

［17］俞可平．中国公民社会：概念、分类与制度环境［J］．中国社会科学，2006（1）.

［18］李文钊，董克用．中国事业单位改革：理念与政策建议［J］．中国人民大学学报，2010（5）.

［19］联合国．所有经济活动的国际标准行业分类（修订本第四版）［M］．纽约，2009.

［20］王澜明．改革开放以来我国事业单位改革的历史回顾［J］．中国行政管理，2010（6）.

［21］郑国安，赵路，吴波尔等．非营利组织与中国事业单位体制改革［M］．北京：机械工业出版社，2002.

［22］左然．构建中国特色的现代事业制度——论事业单位改革方向、目标模式及路径选择［J］．中国行政管理，2009（1）.

［23］朱光明．政事分开与事业单位改革的路径选择［J］．政治学研究，2006（1）.

［24］朱光明．非营利机构与我国事业单位改革的目标选择［J］．中国行政管理，2004（3）.

［25］李强．地方事业单位分类改革研究［D］．南京大学博士学位论文，2012.

［26］赵立波．我国民办非企业单位非营利性问题研究［J］．上海行政学院学报，2009（6）.

［27］万江红，张翠娥．近十年我国民间组织研究综述［J］．江汉论坛，2004（8）.

［28］中华人民共和国国家统计局．中国国民经济核算体系（2002）［M］．北京：中国统计出版社，2003.

［29］中国国家统计局国民经济核算司．中国国民经济循环账户实施

指南 ［M］. 北京：中国统计出版社，1996.

［30］王君立. "政府部门"在我国 SNA 中的特殊处理初探 ［J］. 现代财经，2003（2）.

［31］中华人民共和国国家统计局. 中国国民经济核算体系（2016）［M］. 北京：中国统计出版社，2017.

［32］"SNA 的修订与中国国民经济核算体系改革"课题组. SNA 的修订与中国国民经济核算体系改革 ［J］. 统计研究，2013（12）.

［33］国家卫生部统计信息中心. 中国卫生统计年鉴（2013）［EB/OL］. http：//www. nhfpc. gov. cn/htmlfiles/zwgkzt/ptjnj/year2013/index2013. html.

［34］马春波. 民办教育营利问题的理论解释 ［J］. 浙江大学学报（人文社会科学版），2001（12）.

［35］杨宏山. 中国行政改革"三步走"发展模式探析 ［J］. 中国行政管理，2007（7）.

［36］王名. 非营利组织管理概论 ［M］. 北京：中国人民大学出版社，2002.

［37］改革杂志社专题研究部. 中国事业单位分类改革轨迹及走向判断 ［J］. 改革，2012（4）.

［38］中国国家统计局国民经济核算司. 2004 中国国民经济核算年鉴 ［M］. 北京：中国统计出版社，2005.

［39］李飞星. 慈善事业的分配功能研究 ［J］. 社科纵横，2009（10）.

［40］赵春艳. 由实物社会转移引发的思考 ［J］. 江苏统计，2000（2）.

［41］宋旭光. 财政收入增长背后的核算问题 ［J］. 统计研究，2014（3）.

［42］徐强. CPI 编制中的几个基本问题探析 ［J］. 统计研究，2007（8）.

［43］厉以宁. 股份制与现代市场经济 ［M］. 南京：江苏人民出版社，1994.

［44］魏俊. "第三次分配"的概念及特征述评 ［J］. 山东工商学院学报，2008（4）.

［45］白彦锋. 第三次分配与我国和谐社会的构建 ［J］. 税务研究，2008（1）.

［46］唐钧. 慈善事业还是"第二次分配"——评厉以宁先生的"第三

次分配"理论［J/OL］. http：//www. aisixiang. com/data/6065. html，2005.

［47］高敏雪. 从初次分配再分配到"第三次分配"［J］. 中国统计，2006（3）.

［48］蒋萍，刘丹丹，王勇. SNA 研究的最新进展：中心框架、卫星账户和扩展研究［J］. 统计研究，2013（3）.

［49］黄培昭，刘皓然. 英要对外来"蹭医"者收费，保护 NHS 体系不被滥用［N］. 环球时报，2013-12-31（14）.

［50］财政部.2014 年全国一般公共预算支出决算表［EB/OL］. http：//yss. mof. gov. cn/2014czys/201507/t20150709_1269855. html.

［51］王妮丽，崔紫君. 非营利组织中的志愿者及其管理［J］. 云南社会科学，2003（6）.

［52］庄国波. 大学生青年志愿者社区服务探讨［J］. 南京人口管理干部学院学报，2005（1）.

［53］李宁. 志愿者活动之侵权责任研究［D］. 江西财经大学硕士学位论文，2006.

［54］徐蔼婷. 非 SNA 生产核算方法研究［M］. 杭州：浙江工商大学出版社，2011.

［55］张迎春. 国际标准职业分类的更新及其对中国的启示［J］. 中国行政管理，2009（1）.

［56］高巧. 解读新家庭经济学［J］. 商业时代，2004（11）.

［57］曾五一. 无偿服务核算研究［J］. 统计研究，2005（6）.

［58］蒋冠庄. 法定工作时间与假期待遇政策问答［M］. 北京：中国人事出版社，2008.

［59］中华人民共和国民政部. 社会服务统计制度（2015）［EB/OL］. http：//www. mca. gov. cn/article/sj/fgzd/201504/201504158076409. shtml.

［60］中国国家统计局. 国家统计局关于印发 2008 年时间利用调查方案的通知（国统字〔2008〕41 号）［R］.

［61］王稳. 经济效率因素分析［M］. 北京：经济科学出版社，2002.

［62］黄祖辉，扶玉枝. 合作社效率评价：一个理论分析框架［J］. 浙江大学学报（人文社会科学版），2013（1）.

［63］唐任伍，唐天伟.2002 年中国省级地方政府效率测度［J］. 中

国行政管理，2004（6）.

［64］龙安邦．基础教育课程改革中的效率与公平［D］.西南大学博士学位论文，2013.

［65］葛道顺．包容性社会发展：从理念到政策［J］.社会发展研究，2014（3）.

［66］叶晓佳，孙敬水．分配公平、经济效率与社会稳定的协调性测度研究［J］.经济学家，2015（2）.

［67］吴春霞．中国义务教育公平状况的实证研究［J］.江西教育科研，2007（10）.

［68］孙敬水，赵倩倩．中国收入分配公平测度研究——基于东中西部地区面板数据的比较分析［J］.财经论丛，2017（2）.

［69］黄应绘，揭磊．基于内容分析法的收入分配公平测度研究［J］.生产力研究，2010（5）.

［70］王莉．财政支出公平效应的测度［J］.财经论坛，2007（7）.

［71］国家统计局社会和科技统计司．中国人的生活时间分配——2008年时间利用调查数据摘要［M］.北京：中国统计出版社，2010.

［72］中国国家统计局．2009中国统计年鉴［EB/OL］.http：//www.stats.gov.cn/tjsj/ndsj/2009/indexch.htm.

［73］Helmut K. Anheier and Lester M. Salamon. Nonprofit Institutions and the 1993 System of National Accounts［J］.CNP-WP-25，1998.

［74］Lester M. Salamon and Helmut K. Anheier. In Search of the Nonprofit Sector Ⅱ: The Problem of Classification［J］.CNP-WP-3，1992.

［75］Lester M. Salamon and Helmut K. Anheier. Social Origins of Civil Society：Explaining the Nonprofit Sector Cross-Nationally［J］.Working Papers of the Johns Hopkins Comparative Nonprofit Sector Project，No.22，1996.

［76］Helmut K. Anheier. Extending the Satellite Account for Nonprofit Institutions［J］.Paper Prepared for the 26th General Conference of The International Association for Research in Income and Wealth Cracow，Poland，2000.

［77］United Nations. A System of National Accounts and Supporting Tables［M］.ST/STAT/SER. F/NO.2，1953.

［78］United Nations. A System of National Accounts［M］.ST/STAT/SER，1968，2（3）.

［79］ Helmut K. Anheier, Gabriel Rudney and Lester M. Salamon. Non-profit Institutions in the United Nations System of National Accounts: Country Applications of SNA Guidelines ［J］. Voluntas: International Journal of Voluntary and Nonprofit Organizations, 1994, 4 (4).

［80］ United Nations. Classifications of Expenditure According to Purpose: Classification of the Functions of Government (COFOG); Classification of Individual Consumption According to Purpose (COICOP); Classification of the Purposes of Non-Profit Institutions Serving Households (COPNI); Classification of the Outlays of Producers According to Purpose (COPP) ［M］. United Nations Publication Sales No. E. 00. XVII. 6, New York, 2000.

［81］ United Nations. Trial International Classification for Time Use Activities ［M］. ESA/STAT/AC. 59/1, 13-16 October 1997, New York, 1997.

［82］ Eleanor Brown. Assessing the Value of Volunteer Activity ［J］. Nonprofit and Voluntary Sector Quarterly, 1999, 29 (3).

［83］ Independent Sector. Measuring Volunteering: A Practical Toolkit ［M］. A Jiont Project of Independent Sector and United Nations Volunteers, 2001.

［84］ Dennis Trewin. Unpaid Work and the Australian Economy ［J］. ABS Catalogue, 1997.

［85］ Helmut K. Anheier, Eva Hollerweger, Christoph Badelt and Jeremy Kendall. Work in the Nonprofit Sector: Forms, Patterns and Methodologies ［J］. ILO, Genf, 2001.

［86］ Indira Hirway. Measurements Based on Time Use Statistics: Some Issues ［J］. Paper Prepared for the Conference on "Unpaid Word and Economy: Gender, Poverty and Milenium Development Goals" to Be Organized at Levy Economics Institute, New York, 2005 (10): 1-3.

［87］ Indira Hirway. Valuation of Unpaid Work: Issues Emerging from the Indian Pilot Time Use Survey ［J/OL］. http://www. unescap. org/Stat/meet/rrg3/twsa-08. pdf.

［88］ Ann Chadeau. What is Households' Non-market Production Worth? ［J］. OECD Economic Studies, 1992 (18).

［89］ Yvonne Ruger and Johanna Varjonen. Value of Household Production in Finland and Germany-analysis and Recalculation of the Household Satellite

Accounts Sysytem in Both Countries ［J］. Working Parpers, National Consumer Research Centre, 2008 (112).

［90］ A. Sylvester Young. Income from households' SNA Production: A Review ［EB/OL］. http: //www. ilo. org/public/english/bureau/stat/download/articles/2000-22. pdf.

［91］ Ronald A. Dulaney, John H. Fitzgerald, Matthew S. Swenson and John H. Wicks. Market Valuation of Household Production ［J］. Journal of Forensic Economics, 1992, 5 (2).

［92］ ILO. Manual on the Measurement of Volunteer Work ［M］. the Department of Statistics of the International Labor Organization, Geneva, 2011.